Ségolène Valente

Vive la 5e !

Du même auteur, dans la même collection :

Vive le CE2 !

Pyjama party

Les secrets de la récré

Vive le CM2 !

Mon (super) anniversaire

La classe de neige (et de copines)

Les (vraies) reines de la fête

Vive la 6e !

Ma première boum

Rendez-vous à la patinoire

Avertissement de conduite

Un cœur en vacances

Vive la 5e !

Un jeudi à la mer

La fête de fin d'année

Ségolène Valente

Vive la 5e !

Le voyage en Angleterre

RAGEOT

Cet ouvrage a été imprimé sur un papier
issu de forêts gérées durablement,
de sources contrôlées.

Couverture et illustrations : Isabelle Maroger.

ISBN 978-2-7002-5533-1
ISSN 1951-5758

Passeport passion

Les cinquièmes et les quatrièmes étaient réunis autour du pilier « Informations » de la gare du Nord. Je reconnaissais Antoine, Paolo, Jessie, mais je ne voyais pas Malika. Pourtant je n'étais pas en avance, mon père avait mis des heures à se garer. Soudain, j'ai entendu une voix me chuchoter à l'oreille :

– Hello, Caillou ! How are you ?

Je me suis retournée d'un coup. Ma copine venait de franchir les portes vitrées. Un grand sourire illuminait son visage. Elle portait ses Converse montantes à fleurs et sa doudoune orange dénichée aux soldes le week-end dernier. Elle m'a sauté au cou si fort que mes sacs sont tombés par terre.

– C'est génial, c'est génial ! s'est-elle écriée.

– Quoi ?

– De partir ! Tu imagines ? Huit jours d'aventures à l'autre bout du monde !

– En Angleterre, n'exagère pas.

– Je n'exagère pas, Camille ! Le dépaysement va être total ! À notre retour on ne sera plus les mêmes. On parlera couramment anglais. On ne comprendra même plus ce que diront nos parents !

– Surtout quand on vous demandera de débarrasser la table ou de ranger votre chambre ! a lancé mon père, l'air amusé.

On a éclaté de rire. Malika m'a enfoncé ses ongles pointus dans les bras. Là, j'ai compris que je ne rêvais pas. J'étais bien au pied du pilier « Informations » de la gare du Nord, prête à partir de l'autre côté de la Manche avec ma meilleure copine depuis la sixième.

Du bout de l'index, j'ai remonté mes lunettes sur le nez. Rémy, où es-tu ?

Antoine s'est approché de nous, un prospectus sur l'Eurostar à la main. Comment arrivait-il à respirer avec une chemise fermée jusqu'au cou ? Je suffoquais pour lui.

– Vous vous rendez compte, un tunnel si long ! s'est-il exclamé.

Malika l'a fixé droit dans la pupille et a répliqué :

– Pourquoi tu viens nous parler de tunnel alors qu'on a un milliard de choses à se raconter, Camille et moi ?

Antoine ne s'est pas démonté.

– « Creusé à 50 mètres de profondeur, le tunnel parcourt près de 38 km sous l'eau. » 50 mètres de profondeur, 38 km sous l'eau, a-t-il répété, très impressionnant, non ?

– Très, a acquiescé ma copine d'un ton sec.

– Ils ont mis huit ans à le construire ! Huit ans ! Quand je pense qu'on va passer trente-cinq minutes au milieu des petits poissons, sans voir la lumière du jour.

– Antoine, stop ! a crié Malika. Stop !

Puis elle est partie rejoindre ses parents et son frère Farid qui ne pouvait pas venir à Londres à cause de sa jambe dans le plâtre, me laissant seule avec Antoine pour un cours soporifique sur le tunnel sous la Manche.

– J'ai dit quelque chose qu'il ne fallait pas ? s'est-il inquiété.

– Tu connais Malika, parfois elle a des réactions imprévisibles ! ai-je répondu pour le rassurer.

Il est resté à côté de moi, aussi raide et froid que le pilier d'informations. Moi je ne tenais pas en place et j'examinais les alentours. Rémy, es-tu là ?

Le silence devenait pesant. Antoine rangeait son prospectus dans la poche intérieure de son blouson quand Littlebit, notre prof d'anglais, s'est approché de nous.

– Cartes d'identité ou passeports et autorisations de sortie du territoire, s'il vous plaît. Je vérifie les papiers avant de partir. Excepté les petits mots doux…

Les boutons d'acné sur le visage d'Antoine se sont mis à clignoter à l'idée qu'on puisse s'échanger des mots doux.

En tendant mes papiers au prof d'anglais, je n'ai pas pu m'empêcher de loucher sur son nez que j'avais rarement vu de si près. Il n'était pas si petit que ça, Malika exagérait.

Parce que Littlebit, ce n'est pas son vrai nom. En vérité, notre prof d'anglais s'appelle M. Moulin. Littlebit, c'est le sobriquet sorti de l'imagination de ma copine un matin de l'année dernière où elle cherchait un surnom à chaque prof. Son raisonnement était simple : tout est proportionnel chez un homme. La taille du nez, des pieds, des doigts et le reste. Comme elle trouvait que M. Moulin avait un petit nez, elle l'a appelé Littlebit.

Le prof a coché nos noms sur sa feuille et il a eu une mimique étrange que j'avais déjà remarquée lorsqu'il est contrarié : il a gonflé les narines à bloc.

– Il ne manque plus que Charlotte. Vous ne l'avez pas vue ?

On a secoué la tête pour dire que non. Elle était sûrement près d'un distributeur de sucreries, dans une boulangerie ou un kiosque à bonbons.

Et puis mon cœur a palpité. S'il ne manquait plus que Charlotte, ça voulait dire que Rémy était bien parmi nous. Mais où ?

Let's go

J'avais à peine repris ma recherche du beau Rémy que mes parents m'ont sauté dessus pour m'asséner une série de recommandations.

– Amuse-toi bien.

– Et sois sage.

– Reste discrète dans ta famille d'accueil.

– Et n'hésite pas à poser des questions. Il faut parler, parler, parler.

– Mange de tout et adapte-toi à leurs coutumes.

– Mais n'oublie pas que la cuisine française est meilleure que la leur.

Face à ces messages contradictoires, mon disque dur cérébral a décidé de faire comme il voudrait.

Heureusement, mon petit frère Tom a interrompu mes parents sinon ils auraient continué jusqu'au départ du train.

– Tu me rapporteras un souvenir ? a-t-il demandé.

– Promis.

J'ai fait claquer une bise sur chacune de ses joues, geste rarissime entre nous. On a finalement peu l'occasion de s'embrasser entre frère et sœur. Puis j'ai dit au revoir rapidement à mes parents. Je n'aime pas les adieux interminables.

Je m'apprêtais à rejoindre Malika lorsque mon père s'est exclamé en fixant quelqu'un derrière moi :

– Bonjour, jeune homme !

J'ai sursauté. Qui ? Rémy ?

Et j'ai virevolté.

Rémy était deux mètres plus loin. Les néons de la gare étaient braqués sur lui comme s'il posait pour une pub « Héros et stars en Eurostar ». Il avait une attitude décontractée, un pouce accroché à la poche de son jean, le poids du corps basculé sur une jambe. Ses cheveux avaient enfin retrouvé une longueur normale après la boule à zéro que lui avait faite un copain à la rentrée et il n'avait jamais été aussi beau.

Il a hoché la tête en adressant un sourire gêné à mes parents, un sourire malgré tout irrésistible.

J'ai soulevé mon gros sac de voyage qui m'a paru soudain plus léger qu'une plume et attrapé mon petit sac à dos. Je me suis approchée de Rémy comme l'aimant coccinelle s'approche du frigidaire.

– C'est super ! me suis-je exclamée.

– Quoi ? a-t-il demandé.

Le brouhaha de la gare s'était atténué d'un coup et nos voix semblaient amplifiées comme si on parlait dans un micro.

– De… de partir ! De voyager !

– C'est la première fois que tu pars sans tes parents ?

– Ah non, pas du tout, je… euh… suis déjà partie… sans mes parents… souvent…

C'est plus fort que moi, je n'arrive pas à placer un mot devant l'autre quand on ne s'est pas parlé depuis longtemps Rémy et moi. Les néons braqués sur nous me brûlaient la peau. Mon sac de voyage était devenu lourd comme une enclume. Y a-t-il un fauteuil quelque part pour s'asseoir ?

Il n'y avait aucun fauteuil de libre mais heureusement, Littlebit, mon sauveur, s'est à nouveau approché. Son portable dans une main et la fiche où il manquait une croix dans l'autre, il a annoncé, interrompant notre conversation pathétique :

– J'appelle les parents de Charlotte. J'espère qu'elle n'est pas à l'aéroport.

À cet instant, on a entendu crier :

– Attendez-moi ! Attendez-moi !

Charlotte descendait l'escalator, essoufflée et dégoulinante. Elle avait les yeux ronds comme des rouleaux de réglisse, les joues roses comme des bulles de Malabar et elle transpirait des gouttes de Schweppes. Son père traînait derrière lui une énorme valise, proportionnelle au poids de sa fille. La valise était entourée de ruban adhésif.

– La fermeture a craqué, a expliqué Charlotte. J'ai dû jeter des paquets de gâteaux, des sacs de bonbons et des canettes.

– La nourriture anglaise a mauvaise réputation mais de là à emporter son garde-manger ! s'est exclamé Antoine qui rôdait autour de nous.

– Tu veux mettre des affaires dans mon sac ? ai-je proposé à Charlotte. Il me reste de la place.

– Ah non, non. Merci.

– Je te les rendrai à l'arrivée, ne t'inquiète pas.

– Non, ça va. Regarde, tout tient.

Je n'ai pas insisté. Charlotte avait peut-être peur qu'on lui mange ses provisions pendant le voyage.

Littlebit a enfin inscrit sa dernière croix sur sa fiche. Il a remis son portable au fond de sa poche et il a sonné le départ :

– Let's go !

La coccinelle serait bien restée collée au frigo plus longtemps mais Rémy s'est écarté d'un pas et m'a lancé, comme si on n'allait pas au même endroit :

– Bon voyage !

– Bon noyage, ai-je répété un peu troublée. Euh, je voulais dire… bon voyage !

Il avait déjà rejoint ses copains.

Mon cœur s'est mis à battre au ralenti. S'il avait dit « Bon voyage », ça signifiait : « Rendez-vous à Paris dans huit jours ». Donc à Londres on ne se connaissait pas. Mais pourquoi ?

Des progrès en langue ?

Les profs ont attendu la fin de l'annonce de l'ouverture du wagon-bar pour reprendre leur discours de morale. Ils étaient tous les quatre debout en tête de la voiture 7, juste devant Malika et moi assises à leur gauche, Jessie et Charlotte assises à leur droite. Littlebit, bien sûr. Mme Durel, la prof de sciences physiques des quatrièmes. La documentaliste aux mains chargées de guides sur Londres. Malika l'appelle Sephora, comme les magasins de cosmétiques, parce qu'elle aime beaucoup son parfum.

Dès qu'on va au CDI, elle s'arrête à l'entrée, inspire profondément, les yeux fermés, et murmure :

– *Lolita Lempicka*, j'en suis sûre ! Ou alors, *Flower by Kenzo* peut-être… non, *J'adore* de Dior.

Je ne comprends pas pourquoi elle ne lui pose pas directement la question.

Et puis il y avait aussi Laura comme accompagnatrice, une ancienne élève du collège qui est maintenant étudiante en anglais à la fac. On l'avait trouvée très cool le jour où elle était passée dans nos classes pour se présenter, avec ses longs colliers de perles, ses anneaux géants aux oreilles et son sac en bandoulière de toutes les couleurs.

Mme Durel a demandé à notre prof d'anglais de récapituler le chapitre : « De la bonne tenue et du savoir-vivre à l'étranger. » Littlebit a gonflé ses narines. Le geste pouvait passer inaperçu, sauf que moi, depuis la gare, j'étais obnubilée par cette partie de son anatomie.

– Vous avez donc bien compris, a-t-il repris, il est interdit de voler dans les magasins. Les Anglais sont réputés pour leur humour mais ils ne plaisantent pas à ce sujet.

Il nous a lancé un coup d'œil rapide pour voir si on suivait et je crois qu'il m'a surprise les yeux braqués sur son nez. Malika prétend que lorsqu'on observe le nez de quelqu'un ça ne se voit pas. Au cinéma par exemple, c'est même une technique :

les acteurs fixent le haut du nez de leur partenaire pour donner l'impression qu'ils le regardent droit dans les yeux. Parce que, de près, c'est impossible de regarder quelqu'un dans les deux yeux, on fait le va-et-vient d'un œil à l'autre.

– La police britannique n'a aucun humour quand elle attrape un voleur, a-t-il répété.

– Qu'est-ce qu'elle peut nous faire ? a demandé Nono.

Il était debout, accoudé au dossier de son fauteuil. Mme Durel a pris la parole pour répondre sur un ton beaucoup plus saignant que Littlebit :

– Elle vous reconduit immédiatement à la frontière et vous n'avez plus le droit de remettre les pieds sur le territoire.

Il y a eu un grand silence. On était tous pétrifiés en pensant à la honte d'être reconduits à la frontière par la police. Malika s'est penchée vers moi et m'a chuchoté à l'oreille :

– Pratique, on économise le billet du retour !

Mme Durel était aussi pétrifiée que nous et elle ne savait visiblement pas comment clore le discours après nous avoir flanqué la frousse. Littlebit est intervenu :

– Et sinon, je souhaite à chacun un bon voyage, un agréable séjour, des découvertes passionnantes et…

Il a eu une panne d'inspiration. À son tour, Mme Durel a volé à son secours.

– Et, bien sûr, des progrès en langue, a-t-elle ajouté sans intention de faire de l'humour.

Des éclats de rire ont retenti dans le wagon et un élève de quatrième a dit à la prof de sciences physiques :

– Ne vous inquiétez pas madame, on fera notre maximum.

Je suis devenue rouge comme si tout le monde pensait à moi et Rémy.

Et puis les profs ont repris leurs activités. Littlebit a vérifié qu'il n'avait pas de message sur son portable. Sephora a plongé la tête dans ses guides. Laura se regardait dans une vitre comme devant un miroir pour arranger ses cheveux. Mme Durel s'est mise à rire toute seule, comme si elle comprenait soudain l'ambiguïté de sa recommandation.

Avec cette histoire de progrès en langue, elle m'avait tendu une perche en or. On avait trois heures de train Malika et moi pour organiser un plan d'attaque efficace. Cible : Rémy. Objectif : ressortir avec lui. Please, help me !

Malika était tournée vers le paysage. Son teint virait au vert comme si elle avait le mal de mer.

– Ne t'inquiète pas, on ne prend pas le bateau ! ai-je soufflé.

– C'est pire.

– Pire ?

On peut être malade dans le train ? Elle aurait dû prévenir les profs, consulter son médecin et prendre des cachets contre la nausée.

– C'est à cause d'Antoine ! a-t-elle ajouté.

– Qu'est-ce qu'il a dit encore ?

– Tu étais là, tu as entendu comme moi.

– Le tunnel ?

– C'est ça mon flip.

– Tu as le mal de tunnel ? ai-je essayé de plaisanter. Ce n'est pas grave. Tu fermes les yeux, tu dors et tu ne te rendras compte de rien.

– Trop tard. Je ne pense qu'à ça. Et quand je ferme les yeux c'est encore pire, j'ai l'impression d'être déjà dedans.

– Prends un livre, mange des Paille d'or… Tu veux que je demande de l'aspirine aux profs ? On peut aller se promener, discuter. De tout et de rien, ça fait passer l'envie de vomir. Par exemple, est-ce que tu crois que Rémy…

– Et s'il arrivait un accident, Caillou ?

– Il n'arrivera rien.

– Oui, mais si…

– Il n'est jamais rien arrivé.

– C'est peut-être la dernière fois que j'ai vu mes parents. Tu imagines ?

Non, je n'avais pas envisagé une telle éventualité. J'ai repensé aux adieux rapides et insouciants à mes parents sur le quai de la gare. Et mon frère, peut-être que je ne l'embrasserai plus ? Si j'arrive à Londres saine et sauve, je lui trouverai le plus beau des souvenirs. Quand je le reverrai, si jamais je le revois, je l'embrasserai deux fois plus fort qu'à mon départ. Même si parfois il m'agace avec ses blagues de CE2 et sa manie de disparaître dès qu'il faut mettre la table.

– Ne t'inquiète pas, ai-je soufflé.

– Tu n'as pas mieux pour rassurer quelqu'un ? Et puis arrête avec tes lunettes, elles ne vont pas s'envoler !

Je suis restée figée, le doigt collé à mes lunettes. Mon index était monté tout seul sur la monture. J'ai posé ma main gauche sur ma main droite pour l'empêcher d'y retourner.

Ce n'était pas le bon moment pour aborder le plan d'attaque concernant Rémy. Malika était trop préoccupée par son tunnel. Quand elle est angoissée, elle est capable de démonter une cabane en deux phrases tranchantes.

Charlotte nous a tendu un paquet de gâteaux vide pour qu'on le jette dans notre poubelle, la sienne était déjà pleine. Jessie battait la mesure de ses pieds nus. Ses ballerines écossaises toutes neuves gisaient au milieu du couloir. Elle avait les écouteurs vissés sur les oreilles et rêvait, le regard perdu sur le sol, la tête appuyée sur une main. De l'autre main, elle tripotait l'anneau qu'elle avait accroché à sa chaîne.

Un groupe d'élèves jouaient au poker, d'autres discutaient doucement, rigolaient ou dormaient. Malika était la seule personne stressée par la traversée sous le tunnel, mais son stress était contagieux. Mes mains commençaient à devenir moites et j'avais la désagréable sensation que mes lunettes glissaient le long de mon nez comme le train glissait sur les rails.

Pour oublier le visage pétrifié de Malika et les tonnes d'eau qui allaient s'amonceler au-dessus de nous, j'ai ouvert mon roman d'Agatha Christie. La documentaliste nous avait présenté plusieurs auteurs anglais pour préparer le voyage. Mon marque-page était recouvert de R majuscules. Encore un jour où je pensais trop fort à Rémy. Rémy, penses-tu à moi toi aussi ?

Laura est passée près de nous et nous a demandé d'une voix douce, à la façon d'une hôtesse de l'air :

– Tout va bien, les filles ?

– Super, a répondu Malika d'un ton sec.

Notre hôtesse des souterrains s'est tournée vers Jessie et Charlotte pour poser la même question.

– Elle est cool, ai-je murmuré.

– Coule ? a sursauté Malika, les yeux en forme de bouées de sauvetage. Tu as bien dit coule ?

– Je voulais dire que Laura est sympa de passer nous voir, ai-je précisé.

– Sympa. C'est ça, oui, je préfère.

Malika a fermé les paupières et j'ai repris ma lecture. Elle n'était décidément pas en état d'avoir une conversation normale.

J'avais à peine lu trois pages qu'elle a consulté sa montre, s'est levée et m'a enjambée.

– Tu vas aux toilettes ? ai-je demandé.

– Aux toilettes ? Pour quoi faire ?

– Ben, je ne sais pas moi…

Elle a traversé le wagon sans me donner plus d'explications. Elle s'est installée à côté de Nono sur le siège laissé libre par Rémy qui s'était assis sur un accoudoir pour jouer aux cartes. Je me suis sentie soulagée. Nono trouverait certainement une méthode pour que Malika oublie son mal de tunnel : lui raconter ses dernières histoires drôles ou lui lire les lignes de la main.

Patience pour Rémy… Dès la sortie du tunnel, Malika serait en état de me dire comment l'aborder avant la fin du séjour. Parce que je me connais. Je suis capable de passer huit jours à côté de lui, dans des conditions idéales pour des retrouvailles, sans pouvoir croiser une seule fois son regard, sans oser lui adresser la parole et sans l'approcher d'assez près pour entendre le son de sa voix dans le creux de mon oreille. Une voix chaude et douce qui se branche automatiquement sur mon cœur pour en accélérer les palpitations. Rémy, parle-moi !

In english, now

– T'es toute seule ?

Hein ? Qui me parle ? J'entends des voix ? J'ai levé la tête et j'ai aperçu le visage de Rémy en gros plan au-dessus de moi.

J'ai fermé mon livre d'un coup sec. Mon cœur s'est emballé jusqu'à atteindre la vitesse de l'Eurostar. Je me suis glissée près de la fenêtre pour lui laisser ma place.

– Je te dérange ? Tu lisais ?

– J'ai terminé mon chapitre. Euh... non, je ne l'ai pas encore commencé... et puis de toute façon, il faut que je reprenne depuis le début, je n'ai rien compris.

– Ah, tu lis en anglais ? a-t-il demandé.

– Non non, en français.

Il m'a examinée d'un air étonné. J'ai préféré renoncer à m'expliquer de peur d'aggraver mon cas. Il a bidouillé la tablette, un coup baissée, un coup remontée, sans savoir ce qu'il préférait. Je me suis replongée dans mon livre pour ne pas le laisser dans l'embarras.

– Je peux ? a-t-il demandé à Jessie de l'autre côté du couloir, en désignant un de ses écouteurs.

Évidemment, c'est plus facile d'écouter de la musique sur le même MP3 que de lire le même livre. Jessie a remis vite fait ses pieds dans ses ballerines et elle a tendu au plus beau garçon du collège, toutes classes confondues, un de ses écouteurs. Avec quelqu'un d'autre, elle aurait inventé n'importe quel prétexte pour refuser, du genre : « L'écouteur est fabriqué sur mesure pour mon oreille, désolée, je ne peux pas. » Mais pour Rémy, elle était prête à tout, même à le lui prêter pendant les huit jours.

Soudain une voix dans le haut-parleur nous a prévenus qu'on entrait dans le tunnel. Mon sang n'a fait qu'un tour et je me suis retournée pour jeter un œil vers Malika.

La place à côté de Nono où elle s'était installée était vide. J'ai balayé les alentours du regard sans la trouver. Où avait-elle bien pu passer ? Était-elle en train de vomir aux toilettes ? Errait-elle seule et désespérée dans les couloirs ? Cherchait-elle la sonnette d'alarme pour demander l'arrêt immédiat du train ? Était-elle en pleine discussion avec un contrôleur pour connaître les probabilités de panne au milieu du tunnel, les risques d'infiltration d'eau dans le béton, les chances de survie en cas d'effondrement, les mesures de sécurité concernant le terrorisme ?

Elle avait peut-être besoin de moi de toute urgence. Mais qu'est-ce que je faisais assise tranquillement dans mon fauteuil ? J'aurais dû être à sa recherche depuis longtemps.

Je me suis tournée vers Rémy qui était absorbé par la musique de Jessie. J'étais bloquée. Impossible de l'enjamber et je n'osais pas non plus lui demander de se lever.

Antoine est passé dans le couloir et il a tapoté le bras de Rémy.

– Malika, excuse-moi pour…

Quand Rémy s'est retourné, Antoine a sursauté. Le premier bouton de sa chemise a failli exploser.

– Tu veux passer ? a interrogé Rémy en pensant que le fil de l'écouteur le gênait.

– Non, euh… Malika n'est pas là ?

– Elle est partie se promener, ai-je répondu.

– Je venais m'excuser pour tout à l'heure. Je crois que je l'ai effrayée avec mes précisions sur le tunnel.

– Je le lui dirai.

– Merci. Tu n'oublieras pas, c'est sûr ?

– Non, non, ne t'inquiète pas.

Il est resté planté là une bonne minute. Est-ce qu'il voulait que je lui signe un papier ?

Antoine aurait peut-être insisté encore longtemps pour savoir où était Malika si Charlotte ne l'avait pas obligé à se pousser pour attraper sa valise.

– Je n'ai plus rien à boire, tout est dans ma valise. Enfin, ce qu'il me reste. Quand je pense à ce que j'ai dû jeter, quel gâchis !

– Tu feras des heureux, ai-je dit.

– Des œufs ? Ah non, j'en ai pas pris. C'est fragile, ils n'auraient pas supporté le voyage.

Elle avait beau tirer sur la poignée, sa valise restait coincée. Je lui ai tendu ma bouteille d'eau avant qu'elle ne fasse tomber tous les bagages.

– Tiens Charlotte, je ne l'ai pas encore ouverte.

Elle m'a adressé un sourire qui ressemblait à une grimace.

– Elle n'est pas pétillante ? a-t-elle ronchonné en déchiffrant l'étiquette.

Elle a bu deux gorgées et m'a rendu la bouteille aussitôt.

Mes yeux se sont promenés le long du reposoir à bagages. Une vitre teintée renvoyait le reflet des élèves sur tout le wagon. Loin derrière, je distinguais une forme étrange qui ressemblait à un gros sac et cette forme étrange, c'était Malika dans les bras de Nono. Quoi ! Ils s'embrassaient !

– Tu sais que Malika et Nono sortent ensemble ? ai-je demandé à Rémy.

Il a retiré son écouteur comme si une seule oreille ne suffisait pas pour m'entendre.

– Possible.

– C'est sérieux ?

– Sérieux, à notre âge ?

Il m'a lancé un coup d'œil et a attendu ma réaction.

– Oui à notre âge. Pourquoi pas ?

J'avais envie de lui arracher l'écouteur des mains et de l'enrouler bien serré autour de son cou. Alors pour lui ce n'était pas sérieux quand on était sortis ensemble ? Il faut avoir son bac pour éprouver ses premiers sentiments amoureux ? Dix-huit ans ? Le permis de conduire ?

– Comment tu peux dire une chose pareille ? me suis-je indignée.

Il m'a lancé un de ses fameux demi-sourires absolument irrésistibles. Et là, j'ai eu envie de nous enrouler tous les deux avec le fil des écouteurs et de l'embrasser jusqu'à l'arrivée.

– C'était pour voir ta réaction, a-t-il murmuré.

Et il a remis son écouteur. Nos bras se sont effleurés. Je me suis plaquée contre la vitre comme s'il m'avait brûlée et j'ai retourné sa réponse dans ma tête pour en déchiffrer le sens. Quand j'ai eu épuisé toutes les interprétations possibles, j'ai ouvert mon livre au hasard et j'ai commencé à lire au milieu d'un paragraphe sans rien comprendre. Agatha Christie avec Rémy à côté, même en français, c'est du chinois.

Comme le train arrivait à la gare de Saint-Pancras, Malika est revenue à sa place pour récupérer ses affaires et mettre sa doudoune.

– Alors, le tunnel ? ai-je demandé.

– Quel tunnel ? Tu as vu un tunnel, toi ?

Elle m'a lancé un clin d'œil et un sourire entendu.

– Vous sortez ensemble depuis longtemps avec Nono ?

Elle a soulevé sa manche pour consulter sa montre.

– Depuis exactement 14 h 18. C'est passé vite ! Pas besoin de tranquillisants, inutile de chercher la position idéale de yoga pour se détendre, la méthode est hors compét, je devrais écrire un livre là-dessus. Rassure-toi, c'était fini trente-cinq minutes plus tard.

Elle a remonté d'un coup sec la fermeture de sa doudoune et elle a ajouté :

– Bon in english now Caillou, we are in London. Et toi, good trip ? Happy to be vivante after the channel sous la Manche ? Me too.

J'ai ri, contente de retrouver une Malika détendue et blagueuse pour huit jours de bonheur.

– Il faut s'habituer avant d'arriver dans nos familles, a-t-elle déclaré. Je sens qu'on va bien rigoler.

– Tu crois ?

– Fais-moi confiance Caillou. Les Anglais sont folklo, ils ont de l'humour, ils adorent la tour Eiffel, la nourriture et le vin français. Aucune raison de s'affoler !

– Je ne m'affole pas.

À cet instant, Mme Durel a pris la parole pour nous avertir que nos familles d'accueil nous attendaient à la gare.

– Tu imagines si j'atterris dans une famille dont le fils de quinze ans qui dort dans la chambre d'à côté est beau comme un dieu ! s'est exclamée Malika. Tu imagines si je tombe raide dingue amoureuse de lui dès le premier regard !

– Et Nono ?

– Nono ? Quoi Nono ? C'était juste pour les trente-cinq minutes de tunnel. Il le sait très bien. Ce n'est pas un sentimental, de toute façon. Sortir avec une fille plus de trente-cinq minutes, il trouve ça lassant. Au fait, il est où Antoine ? Il faut que je m'excuse d'être partie tout à l'heure. J'ai été un peu sèche, non ? Il ne t'a rien dit ? Tu es sûre ?

J'étais si perturbée à l'idée qu'on puisse sortir avec quelqu'un pour un nombre de minutes donné que j'ai oublié de transmettre les excuses d'Antoine.

Enfin, on est descendus de l'Eurostar. Pour la première fois, je foulais le sol anglais. Pourtant j'étais encore à des années-lumière de l'Angleterre. Je ne m'étais absolument pas préparée à ce que serait ma nouvelle vie pendant ces huit jours. Je n'avais pensé qu'à une chose : Rémy. Et lui, avait-il pensé un peu à moi ?

Welcome to London

J'ai posé ma trousse de toilette sur l'oreiller et j'ai cherché une paire de chaussettes propres dans mon sac de voyage rangé sous le lit superposé. J'avais la sensation étrange de ne plus être la même personne. Une autre Camille avait pris sa douche, une autre Camille avait enfilé son pyjama, une autre Camille avait longé le couloir sombre, posé sa trousse de toilette sur l'oreiller et cherchait une paire de chaussettes.

Kelly Berkson, l'une des jumelles de onze ans dont je partageais la chambre, était assise par terre, sa DS dernier modèle à la main. Elle avait les yeux cachés sous sa frange trop longue, mais je savais pertinemment qu'elle ne ratait aucun de mes gestes.

Elle m'observait comme si je jouais dans une pièce de théâtre le rôle de la Française un peu perdue qui débarque à Londres. Je sentais qu'elle avait envie de parler avec moi. J'ai décidé d'appliquer les conseils de mes parents sur la meilleure façon d'apprendre une langue (« Parler, parler, parler ») et j'ai déclaré, en désignant la DS :

– Oh nice ! Very interesting !

Kelly a souri et elle m'a montré les prouesses de son jeu de patinage : grand écart, tête à l'envers, saut périlleux, on pouvait exécuter toutes les figures sans se fatiguer. Je me suis émerveillée en lançant un international :

– Oh oh !

Sa sœur jumelle Jennifer a déboulé dans la chambre. Elle portait un survêtement mauve sûrement à la mode à Londres en ce moment et, sous son tee-shirt moulant, elle avait déjà une poitrine très développée. Sans prononcer un mot, elle a désigné du doigt le manche de ma brosse qui dépassait de ma trousse de toilette et m'a interrogée du regard.

– What ? ai-je demandé.

Que se passait-il ? J'avais la même brosse que la sienne ? Elle trouvait anormal qu'elle dépasse de ma trousse ? Ou bien elle ne savait pas s'il s'agissait d'une brosse ou d'une mini lampe torche ?

– Ah yes ! It's my…

Comme je ne trouvais pas le mot anglais, et qu'elle avait encore le doigt pointé sur le manche et le regard interrogateur, j'ai sorti la brosse de la trousse et je la lui ai tendue. Elle l'a saisie d'un geste brusque et a commencé à se coiffer devant la glace en chantonnant.

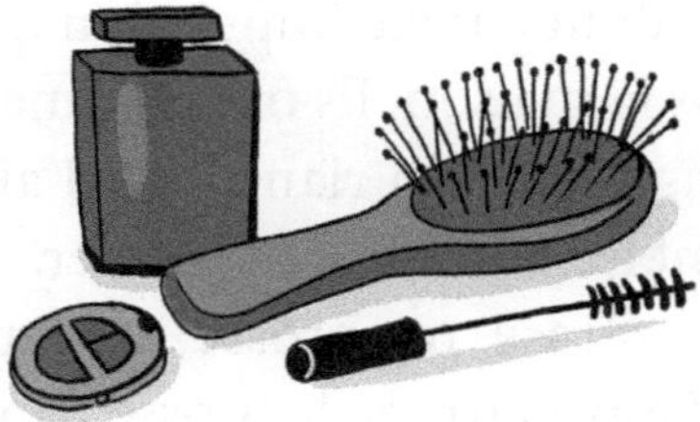

Ma mère dit qu'on ne prête pas sa brosse à cheveux ni son stylo-plume, c'est personnel. Mais mieux vaut ne pas contrarier une Anglaise avec qui on va dormir pendant sept nuits. J'ai fermé discrètement ma trousse de toilette pour que Jennifer n'ait pas l'idée d'essayer tout le reste : chouchous, eau de toilette, brillant à lèvres. Kelly ne me lâchait pas des yeux, pourtant elle n'a rien dit.

Jennifer a éclaté de rire en entendant le sifflement que produisait la brosse quand on appuyait sur les pics. Je n'ai pas compris pourquoi. Elle a recommencé plusieurs fois en accélérant et elle s'est mise à chanter une chanson en s'en servant de micro. Puis leurs deux petits frères sont entrés dans la chambre comme des bombes. Ils lui ont arraché la brosse des mains et se sont sauvés dans le couloir en braillant :

– Scooby-Doo !

Ils ont attrapé le chien dont l'odeur d'œuf pourri et l'aboiement de vieille casserole m'avaient fait une forte impression quand j'étais entrée dans la maison. Ils ont commencé à brosser ses longs poils en riant fort. J'ai senti mes mains trembler et mes yeux picoter.

– Please, please, my brosse, ai-je murmuré.

Scooby-Doo a attrapé la brosse dans sa gueule baveuse, il a grogné et il s'est mis à sauter partout alors que les trois autres essayaient de la lui arracher. Kelly a hurlé stop et elle est devenue rouge comme la cabine téléphonique au pied de la maison. Enfin, les parents sont arrivés. La mère a récupéré ma brosse et a sorti Scooby-Doo sur le perron. Le père a attrapé les garçons, les a enfermés dans leur chambre et tout est rentré dans l'ordre.

Je me suis enfermée dans la salle de bains et j'ai nettoyé ma brosse avec le premier savon qui me tombait sous la main. Je tremblais de la tête aux pieds. Une larme s'est mise à couler sur ma joue. Je revoyais les images de notre arrivée à Londres.

L'Eurostar venait d'arriver à Londres. Nos familles nous attendaient dans le hall de la gare. On s'est regroupés avant d'être appelés. Mon sac de voyage me semblait très léger pour huit jours si loin de chez moi.

« Pourvu que je n'aie rien oublié, ai-je pensé. Ma brosse neuve, je l'ai bien emportée ? »

J'ai repéré dans la foule un monsieur en tee-shirt noir, avec des tatouages sur les bras, des bagues aux doigts, des joues mal rasées et un gros ventre.

– Il vient de sortir de prison, celui-là ? a marmonné Malika.

L'homme a appelé d'une voix rauque :

– Camilla…

J'ai failli tomber dans les pommes en entendant sonner mon prénom dans sa bouche.

Ma copine m'a enfoncé ses ongles pointus dans le bras. J'avais vraiment besoin qu'on me pince pour être sûre que je ne rêvais pas.

– Bon courage ! m'a-t-elle glissé.

J'aurais voulu sauter dans l'Eurostar qui rentrait à Paris. J'aurais préféré m'appeler Gertrude ou Cunégonde. J'ai tourné les yeux vers le prof d'anglais en espérant qu'il y avait une erreur. Il n'a rien dit. Est-ce que c'était une vengeance parce qu'on l'appelle Littlebit depuis la sixième ?

Je me suis tournée vers Rémy. Lui allait prendre conscience de la catastrophe et me sortir de l'enfer. Il m'a souri comme si je le regardais pour ses beaux yeux. Je le sentais loin de moi. L'aimant coccinelle n'adhérait plus. Il glissait désespérément sur le frigidaire.

J'ai pris une grande inspiration, je me suis approchée de l'homme et j'ai murmuré :

– Camille, c'est moi.

Puis j'ai laissé tomber mes deux sacs par terre, complètement anéantie. Les muscles de mes doigts s'étaient transformés en jelly. Dans mon cerveau, tout se mélangeait façon pudding. Je n'étais plus qu'un morceau de viande bouillie incapable de faire un pas.

Sa femme nous attendait dans la voiture. Elle était menue et portait une jolie robe à pois assortie à son rouge à lèvres et à ses chaussures pointues.

Elle m'a fait la conversation pendant tout le trajet. Elle voyait bien que je disais souvent « yes yes » sans rien comprendre, ça ne l'empêchait pas de continuer. Je redoutais les questions mais, pour l'instant, elle n'en posait pas trop. J'ai juste compris qu'elle était venue une fois à Paris.

J'aurais préféré regarder le paysage et attendre qu'on me présente mon lit pour m'affaler dessus, serrer mon oreiller et pleurer toutes les larmes de mon corps.

Mais je n'avais pas eu une seconde à moi pour pleurer depuis que j'avais entendu mon nom dans la bouche de monsieur l'évadé de prison dans le hall de la gare.

J'ai ouvert la petite fenêtre de la salle de bains pour respirer et me remettre de mes émotions. L'envie de pleurer était toujours présente mais le robinet des larmes était fermé, rien ne coulait.

Je voulais rentrer chez moi. Vite. Ici, j'étais seule au monde. Huit jours de malheur s'annonçaient dans cette famille. Fallait-il supplier les profs d'en changer ? Ma mère aurait dit :

– Accroche-toi, sois courageuse.

Mon père m'aurait conseillée :

– Descends à la cabine téléphonique, appelle le responsable, boucle ta valise et sauve-toi de là.

Littlebit aurait claironné :

– Ah ! Vous m'avez surnommé Littlebit, vous avez bien rigolé pendant un an et demi, hein ? Mais on fait moins la maligne maintenant !

Malika aurait déclaré :

– Ça te fera des histoires géniales à raconter dans ton journal intime !

Ce journal intime que j'avais caché dans un tiroir de mon bureau avant de partir, décidée à profiter de ma nouvelle vie londonienne. Mais là, à cet instant précis, il m'aurait été utile. Parce que mon journal intime, c'est un peu mon paquet de mouchoirs quand j'ai envie de pleurer, ma béquille lorsque la vie me fait tituber, ma bouée quand je suis sur le point de couler.

J'étais noyée dans mes pensées quand j'ai entendu mon prénom retentir au loin. Je ne rêvais pas. C'était bien une voix familière. J'ai penché la tête et j'ai aperçu une chevelure avec de longues bouclettes noires.

– Malika ! ai-je hurlé. On habite à côté ?

– Le hasard ne nous séparera jamais, Caillou.

Hourra ! Ma copine était à trois mètres, dans la maison collée à la mienne. J'ai repris espoir et j'ai pensé que la vie n'était pas si pourrie.

– Alors, c'est comment chez toi ? a-t-elle demandé.

– Tout se passe très bien. Et toi ?

Je ne sais pas ce qui m'a pris de répondre ça alors que deux minutes plus tôt j'étais sur le point de me faire rapatrier en France.

– C'est l'enfer avec mes deux petits vieux, a-t-elle déclaré. Comme ils pensent que je ne capte rien en anglais, ils me parlent comme à une demeurée. En plus, ils n'ont pas d'enfants.

Je croyais qu'il y avait forcément quelqu'un de notre âge dans les familles. Je vais tomber amoureuse de qui, moi ?

À cet instant, un hurlement a retenti dans le couloir et on a tambouriné à la porte de la salle de bains.

– À demain ! ai-je lancé.

– Je viens te chercher à huit heures pour aller au collège.

– Comme d'habitude !

J'ai fermé la fenêtre, j'ai planqué ma brosse sous mon pull et je suis sortie. Les deux frères se battaient dans le couloir. Je l'ai traversé les yeux fermés et je me suis réfugiée dans la chambre des jumelles en attendant le dîner. J'aurais bien écrit quelques mots dans mon journal pour dire ma joie de trouver Malika à côté de chez moi. Mon journal intime, c'est aussi celui qui écoute mes bonheurs et qui les rend encore plus forts.

J'ai pris le livre d'Agatha Christie que j'avais posé sur mon lit et je l'ai feuilleté. Le marque-page recouvert de R avait disparu. J'ai levé la tête. Kelly était assise sur la chaise de son bureau, un double décimètre à la main. Elle m'observait avec son sourire bizarre.

– It's you ? ai-je demandé.

Elle a fait mine de ne pas comprendre. J'ai pris mon dictionnaire mais je ne savais pas si je devais chercher à « marque » ou à « page ».

Elle s'est levée et s'est approchée de moi. Elle s'est assise délicatement sur mon lit et a caressé la couverture du livre. Elle a articulé :

– Le Meuyte ?

– *Le Meurtre de Roger Ackroyd*, ai-je articulé comme si c'était elle qui faisait un séjour linguistique. MeuRtRe, ai-je répété.

Elle a parcouru la première page et m'a posé une question que je n'ai pas comprise. J'ai dit « yes » quand même et elle a rangé mon livre dans le tiroir de son bureau. Qu'avait-elle compris ? Que je le lui offrais ?

– French book, ai-je bredouillé. Not in english.

– OK, a-t-elle répondu simplement.

– You don't understand.

– OK.

Je suis passée au français rapidement.

– Tu ne vas rien comprendre, c'est en français. C'est déjà dur pour nous, alors pour toi !

Elle s'est dirigée vers l'étagère et elle a sorti un livre de Roald Dahl qu'elle m'a tendu : *Matilda*. Lire en anglais ? Franchement easy ! J'en fais seulement depuis un an et demi, trois heures par semaine ! Je comprends les phrases à trois mots simples, pas plus. Espérons que les quatre heures d'anglais prévues le matin à l'internat me permettront d'avaler cent pages en sept jours.

– Thank you very much, ai-je bredouillé.

Courage, demain à huit heures, je serai sauvée. Malika passera me chercher. Je serai à nouveau Camille, la vraie. Un rayon de soleil illuminera le début de la journée. Et la vie redeviendra aussi rose que la DS de Kelly.

Même pas en rêve

Cet internat anglais n'avait rien de commun avec notre collège français. La pluie qui coulait sur les carreaux avait une tonalité typiquement british. Le piétinement des élèves qui longeaient le couloir pour descendre dans la cour ne résonnait pas comme chez nous. Les lampes jaunes sur les murs n'éclairaient pas de la même façon.

On sortait de la salle où l'on venait de passer la matinée à travailler quand j'ai déclaré d'un ton émerveillé :

– Je ne sais pas si on sera bilingues en rentrant mais on est vraiment dépaysés.

– Ah, tu trouves ? a rétorqué Malika. Faire des exercices d'anglais ici ou en France, je ne vois pas la différence.

– On est bien obligés d'apprendre la grammaire pour parler.

– Il y a mille autres façons d'apprendre une langue que de rester collés sur un cahier pour remplir des phrases à trous ! Si on passe notre temps à faire des exos sur *the* ou pas *the*, qu'est-ce qu'on va découvrir de l'Angleterre, la vraie ? Et des Anglais ? Tu as parlé avec beaucoup d'Anglais ce matin, toi, à part avec ta famille et le chauffeur de bus ?

Malika n'avait pas complètement tort. Si on restait entre Français, on ne progresserait pas. Le mieux serait de faire connaissance avec des élèves de l'internat et d'échanger nos points de vue sur la vie en général et nos pays en particulier. Et plus si affinités, comme dit Malika.

On s'apprêtait à descendre les escaliers quand Rémy, Nono et d'autres quatrièmes sont sortis de la salle voisine.

– Alors les filles, ça va ? a demandé Nono. Le décalage horaire, l'accent, la bouffe, tout ça, on s'acclimate ?

Rémy s'est tourné vers nous. J'ai senti qu'il était sur le point de nous adresser la parole. Ça tombait bien. Pour une fois, j'avais un sujet de conversation possible, la famille Berkson, et j'avais de quoi tenir cinq bonnes minutes tellement ces gens étaient bizarres. Mais Jessie nous a interrompus. Elle portait toujours ses ballerines écossaises.

– Vous n'avez pas vu Charlotte ? a-t-elle demandé.

– Elle a encore disparu ! me suis-je exclamée. Elle est sûrement au distributeur dans le hall.

– J'en viens, elle n'y est pas. C'est pour ça que je m'inquiète.

Elle me fixait en faisant coulisser son anneau autour de sa chaîne. Si elle croyait que je n'avais pas repéré son petit manège ! Elle s'approchait de nous dès que Rémy était dans les parages. Déjà dans le train, elle lui avait prêté son écouteur. Et maintenant qu'on était toutes les deux face à face, elle m'envoyait des messages étranges avec cet anneau. Quand Rémy et Nono se sont éloignés, on a laissé Jessie se débrouiller tout seule pour retrouver Charlotte.

On descendait tranquillement les escaliers quand, soudain, Malika a trébuché.

– Espèce de crétin, tu ne peux pas faire attention ! a-t-elle crié.

L'Anglais qui descendait à toute allure et qui l'avait bousculée s'est arrêté. Il s'est excusé en lui serrant la main. J'ai cru voir leurs doigts s'emmêler. Une belle histoire d'amour était en train de naître sous mes yeux.

L'Anglais a écarté le blouson de ma copine et a tenté de déchiffrer ce qui était marqué sur son tee-shirt.

– « Même pas en rêve », a dit Malika.

Le garçon a fait mine de ne pas comprendre du tout.

– Rêve, dream. Difficult to explain, a-t-elle improvisé. French expression.

Le type ne lâchait pas le blouson de Malika. Je ne savais pas s'il fixait le texte pour essayer de traduire ou s'il tentait d'imaginer Malika sans son tee-shirt.

– C'est bien de faire connaissance avec des Anglais, a susurré Mme Durel qui descendait en coup de vent. Je vous laisse tranquilles.

– My name is Harry, a déclaré l'Anglais comme s'il avait compris ce qu'elle venait de dire.

– Harry ! Alors t'es un héros toi aussi ? a répliqué Malika qui ne peut pas s'empêcher de plaisanter, même dans les moments de grande émotion.

– Hiwo ? a-t-il répété sans comprendre, les sourcils froncés.

Et il a dévalé les marches et disparu. Visiblement, il n'avait pas saisi la référence à Harry Potter ou au prince Harry. Les Anglais ont-ils autant d'humour qu'on le dit ?

Charlotte était dans la cour, un magazine dans une main, une bouteille d'eau dans l'autre.

– T'étais passée où ? lui ai-je demandé. On te cherchait partout !

– J'ai pris l'autre chemin pour éviter le distributeur.

– Pourquoi ? Il est hors service ? a questionné Malika.

Charlotte a porté la bouteille à ses lèvres et a bu deux gorgées avant d'expliquer :

– C'est très dangereux les distributeurs quand on commence un régime.

– Tu commences un régime ! s'est étonnée Malika.

– Là, en Angleterre ? ai-je renchéri.

Se mettre au régime pendant un séjour linguistique, ça ne semblait pas être le meilleur moment.

– J'ai décidé de profiter de ce voyage pour changer de silhouette, a déclaré Charlotte. Je veux devenir comme elle.

Le sourire jusqu'aux oreilles, elle nous a montré son magazine avec un mannequin très mince en photo à côté de l'article : « Perdre 7 kg en 7 jours ». Fallait-il lui dire la vérité sur ces méthodes qui ne marchent jamais ?

– Sept jours, c'est exactement le temps qu'on passe à Londres, a-t-elle ajouté. J'ai commencé mon régime aujourd'hui et je le suivrai à la lettre jusqu'à notre retour à Paris.

– Donc tu t'es limitée à deux Snickers et une canette de Coca ce matin ? a lancé Antoine qui tentait une percée dans le comique.

Malika l'a crucifié du regard.

– Ne te moque pas, Antoine ! Tu n'imagines pas le calvaire que c'est de vouloir maigrir quand on est tenté partout dans notre société !

– Excuse-moi, je...

– Réfléchis un peu avant de parler.

– Je ne...

– Ce sont des êtres humains que tu as en face de toi.

Malika lui a tourné le dos pour changer de sujet et d'interlocuteur. J'avais envie de donner un petit conseil à Antoine : ne pas trop s'excuser avec Malika. Elle n'aime pas les garçons-paillassons.

– Bon, et ta famille, toujours aussi cool ? m'a-t-elle demandé.

J'aurais bien répondu la vérité à Malika à propos de ma famille qui n'était pas aussi sympa que je l'avais affirmé. Mais je n'en ai pas eu le temps. Ma copine a trouvé plus intéressant de passer en revue les élèves de la cour pour comparer le style anglais au style français.

Dommage, j'aurais eu beaucoup de choses à lui raconter à propos de Kelly qui était sans doute la plus bizarre de la famille. Elle m'observait sans arrêt. Quand je mangeais, quand je regardais la télé, quand je prenais ma trousse de toilette de mon sac, quand je rêvais allongée sur le lit. Elle était toujours dans le couloir quand je sortais des toilettes. Elle caressait mon écharpe du bout des doigts lorsqu'elle croyait que je ne la regardais pas. Elle m'attendait derrière la porte de la salle de bains où je m'enfermais pour mes rendez-vous avec Malika.

Ce soir-là, quand j'ai ouvert la fenêtre, j'ai tout de suite abordé un sujet qui m'intéressait particulièrement :

– Au fait Malika, et Harry ?

– La prochaine fois, ce serait bien qu'il ne déboule pas à deux cents à l'heure dans l'escalier. Il aurait pu me faire tomber ! Tu imagines si j'avais dû me faire rapatrier en France, le bras cassé, après une demi-journée d'Angleterre ?

Le sujet « Harry » me donnait tout naturellement l'occasion de parler de Rémy. J'avais besoin de son aide pour l'aborder. Toute seule, j'étais comme une cup of tea perdue sur la table, incapable de retrouver sa soucoupe.

Mais avant de prononcer un seul mot à son sujet, j'ai senti une présence derrière moi. Je me suis retournée.

– Kelly !

Elle m'a adressé un grand sourire et m'a montré son nouveau jean avec une bordure turquoise en bas comme le mien.

– Yes, it's the same jean, j'ai convenu.

– Tu as de la compagnie ? a demandé Malika.

– Non, non.

– Je te laisse, il faut que je libère la salle de bains. À demain !

Et elle a fermé la fenêtre.

J'ai maudit Kelly d'avoir écourté mon unique moment de réconfort de la soirée pour une histoire de jean. Ce n'est pas parce que je lui ai fait des compliments sur sa DS le premier jour que je vais m'extasier devant tout ce qu'elle me montre. Et puis j'ai assez de mon petit frère pour m'encombrer d'une gamine qui me regarde comme si J. K. Rowling en personne avait débarqué chez elle. Un autographe peut-être ?

Big Ben blues

Sous la houlette de Laura, on a envahi la boutique de souvenirs face à Big Ben et on s'est éparpillés dans les rayons comme des abeilles dans une usine de marmelade.

Préoccupée par Jessie et Rémy qui étaient dans l'autre groupe sur la pelouse de Big Ben, j'étais incapable de choisir un souvenir pour mon frère : une tirelire en forme de bus, de boîte aux lettres ou de cabine téléphonique ? Qu'est-ce qui lui ferait le plus plaisir ? Quel objet garderait-il précieusement sur sa table de nuit, comme symbole de notre fraternité ? Pour mon anniversaire, il avait été si gentil de m'offrir un chausson de danse en porcelaine avec son argent de poche.

– Encore cinq minutes, a clamé Laura, et on rejoint vos camarades.

Ils nous attendaient sur la pelouse de Big Ben pour le pique-nique. Même Charlotte était avec nous, elle qui en temps normal ne perd pas une minute pour se jeter sur son sandwich. Et si Charlotte était avec nous, Jessie était donc seule. Elle pouvait approcher Rémy en toute liberté. Je n'étais pas là pour lui jeter mon regard de glace par-dessus mes lunettes. Quand je m'étais rendu compte que Jessie restait avec Rémy, c'était trop tard. Malika s'éloignait déjà avec ceux qui allaient à la boutique faire des courses et je l'ai suivie à contrecœur.

Malika s'est emparée d'une casquette avec le drapeau anglais.

– Il faut faire quelque chose, a-t-elle déclaré. On ne peut pas laisser cette fille te piquer Rémy sous ton nez.

– Toi aussi, tu as remarqué ?

– Un peu oui ! Déjà dans le train, c'était flagrant.

Ça alors !

Malika avait l'œil partout, même quand ça ne la concernait pas et qu'elle se trouvait dix sièges plus loin, dans les bras de Nono.

– Ça fait bien ? m'a demandé Malika, la casquette enfoncée jusqu'aux oreilles.

– Un peu cloche, ai-je répondu pour qu'elle renonce à jouer la touriste pendant le reste du séjour.

– Donc ce sera très bien pour mon frère, a-t-elle répliqué en m'entraînant vers la caisse. Il collectionne les objets kitsch.

– On se dépêche de sortir du magasin, nous a ordonné Laura.

Mais Malika continuait à papoter. Moi aussi j'avais envie qu'on accélère. L'image de Jessie partageant son œuf dur avec Rémy me glaçait.

– Alors, qu'est-ce que je peux faire ? ai-je demandé.

Malika n'avait pas perdu le fil de la conversation : elle sait que lorsqu'il s'agit de mon sujet de prédilection, Rémy, je n'abandonne pas si vite.

– Tu vas la voir et tu lui dis : « Si tu t'approches encore une fois de Rémy, je te transforme en Big Ben Surprise. »

D'après Malika, quand on ressent une émotion on doit toujours la faire suivre d'une réaction. C'est un principe chez elle.

– Tu veux que je t'accompagne ? a-t-elle ajouté.

– Non non, je peux me débrouiller seule.

Me débrouiller surtout pour trouver une autre formule un peu moins hostile. Je ne tenais pas à déclencher la guerre avec Jessie.

Malika a payé la casquette et moi je suis sortie du magasin les mains vides.

Sur la pelouse de Big Ben, tout le monde profitait d'un rayon de soleil pour déjeuner. Antoine mangeait son sandwich debout devant une statue et parlait avec les profs.

– C'est *Les Bourgeois de Calais*, une statue de Rodin, vous vous rendez compte ? Elle a été achetée par l'Angleterre à la fin de la vie de Rodin pour être placée devant le Parlement. Il est même venu jusqu'ici pour l'inauguration.

Malika s'est arrêtée pour l'interroger :

– C'est qui Rodin ? Il a gagné la coupe du monde ? Les JO ? Un oscar ? Les Victoires de la musique ?

– C'était un sculpteur, tu ne le connais pas ?

– Non, je connais Gredin moi.

– Un sculpteur aussi ?

– Mon poisson rouge !

Puis elle s'est attardée pour lui demander plus d'infos sur le sculpteur comme si les connaissances d'Antoine la fascinaient tout à coup. C'était l'occasion rêvée pour moi de parler à Jessie.

Elle était assise sur un banc face à la Tamise devant Charlotte qui faisait des mouvements de gym. Après quelques secondes d'hésitation, je me suis assise à côté d'elle, j'ai croisé mes jambes et raclé ma gorge.

– Jessie, je voulais te dire deux mots.

Elle a retiré ses écouteurs. Malika nous a rejointes et s'est assise de l'autre côté de Jessie. Pourtant je lui avais bien dit que je pouvais me débrouiller seule. J'ai poursuivi :

– À propos de… Rémy.

– Oui ?

Malika a froncé les sourcils. Elle n'avait pas l'air de trouver ma méthode très convaincante, je l'ai fixée avec insistance pour qu'elle prenne la relève de l'interrogatoire.

– Pourquoi tu me regardes comme ça ? a-t-elle demandé. Il n'y a pas marqué Big Ben sur mon front !

Elle a pouffé de rire et elle est allée s'asseoir sur le muret qui borde la Tamise. Je me suis tournée vers Jessie :

– Il faudrait arrêter, si tu vois ce que je veux dire.

Jessie a froncé les sourcils. Elle n'avait pas l'air de saisir l'allusion, pas plus que Malika qui s'est retournée vers moi en m'envoyant des milliers de points d'interrogation télépathiques.

– Je ne comprends pas de quoi tu veux parler, s'est étonnée Jessie.

– Tu lui prêtes un écouteur dans le train, tu te débrouilles pour rester près de lui au pique-nique, tu le regardes dès que j'ai le dos tourné…

Elle m'a montré l'anneau accroché à sa chaîne et elle a soupiré :

– J'ai déjà un petit copain, il n'est pas dans notre collège et ça va très bien. Ton Rémy, tu peux te le garder.

Et elle m'a tourné le dos. Malika a essayé de rattraper la situation :

– Hum, je crois que Camille ne s'est pas bien exprimée. Elle se demande s'il faut qu'elle casse avec Rémy définitivement. Ce n'est pas clair entre eux, tu comprends. Elle te demande de l'aide. Elle sait que tu es de bon conseil.

– Vos histoires à un euro, je m'en fiche pas mal ! s'est exclamée Jessie en enfonçant ses écouteurs dans les oreilles.

Puis elle s'est levée pour rejoindre le groupe sur la pelouse.

Comment ça, mon histoire à un euro ?

On a laissé passer un bateau-mouche et Malika m'a lancé :

– Qu'est-ce qui t'a pris ? Tu veux t'embrouiller avec elle ?

– On avait bien dit qu'il fallait lui parler franchement, j'ai suivi tes conseils.

– Parler franchement à Jessie ? Tu roules à gauche ou quoi ? Elle ne t'a rien fait, Jessie, je ne t'ai jamais dit de lui parler. C'est Priscilla qu'il faut dégommer.

– Quoi ?

Priscilla ! Une quatrième de la classe de Rémy ! Toujours habillée à la dernière mode, classe et sexy !

– Retourne-toi, a murmuré Malika. Discrètement.

Priscilla était assise à côté de Rémy sur la pelouse. Ses longues boucles d'oreilles dorées gigotaient dans tous les sens dès qu'elle bougeait la tête et ses bracelets scintillaient au soleil. Son genou effleurait celui de Rémy. Il ne se rendait pas compte qu'il était à côté d'un champ de ronces et qu'il allait se faire égratigner. Il riait comme un imbécile. Je ne l'avais jamais fait rire de cette façon. Il a débouché une bouteille de Coca qui a explosé entre ses mains et s'est répandue sur le pantalon de Priscilla. Elle s'est levée en hurlant de rire.

– Je suis trempée ! Trem-pée !

Tous les yeux se sont tournés vers eux. Même les profs ont souri. Moi non. Quel spectacle affligeant ! Rémy a pris sa serviette en papier et a tenté d'éponger le Coca sur les cuisses de Priscilla.

– Tu as l'air bête ! Très bête ! a ajouté Malika en singeant Priscilla.

Était-il possible que je n'aie pas vu plus tôt que Priscilla cherchait à sortir avec mon Rémy ? En dix minutes au pied de Big Ben, j'avais changé de cible. Jessie était innocente et Priscilla était devenue ma pire ennemie.

– À zigouiller, ai-je déclaré avec assurance.

Mes lunettes se sont transformées en mitraillettes de haute précision. Je n'avais plus qu'à appuyer sur la gâchette pour faire sauter Priscilla en éclats. Notre quartier libre de cet après-midi à Trafalgar Square allait être l'occasion d'un règlement de compte sanglant. Finies les méthodes pacifiques. Cette fois, c'était la guerre.

Une petite vacherie sympa

– Il va falloir sortir le comparomètre, a déclaré Malika comme on déambulait dans les rues de Trafalgar Square.

– Le comparomètre ?

– L'appareil qui sert à mesurer les atouts et les points faibles de chacune de vous deux, pour savoir qui aura l'avantage avec Rémy. On fait deux colonnes, points forts et points...

– Pas la peine de faire des listes. Rémy est assez grand pour choisir.

– Quoi ? Tu ne vas pas baisser les bras ! Il faut se battre Caillou, sinon tu n'arriveras à rien dans la vie. Priscilla drague tous les garçons de la terre et Rémy en particulier. Elle remue du soutif, roule du slim et papillote des cils. Elle te nargue et tu ne lèves pas le petit doigt !

Je suis restée muette.

– Si tu ne réagis pas, je vais le faire à ta place !

Malika s'est figée d'un coup.

– Ne bouge pas, elle arrive, a-t-elle soufflé en faisant mine d'être captivée par la vitrine d'en face. Queen Priscilla the First en personne et son vigile.

En effet, Priscilla et Ophélie se dirigeaient tranquillement vers nous. Arrivée à notre niveau, Priscilla a dit à sa copine :

– On va retrouver Rémy et Nono ? On a rendez-vous à la demie.

En entendant cette réplique, j'ai cru que j'allais éclater en sanglots.

– On les suit, a déclaré Malika. Quand elles seront avec Rémy, on improvisera un truc pour leur mettre la honte de leur vie. Je fais semblant de trébucher et j'écrase le pied de Priscilla, je lui dis qu'un tampon vient de tomber de son sac… On trouvera bien une petite vacherie sympa.

– Je te fais confiance.

– Elles approchent. Ne te retourne pas. Elles ne nous ont pas vues. Super. Ça y est, elles nous ont doublées. Go !

La filature pouvait commencer. Il ne fallait surtout pas les perdre de vue. Mais Malika s'est immobilisée en sentant un parfum bien connu. Sephora et Littlebit se tenaient en face de nous, souriants.

– Oh oh ! s'est exclamée Malika d'un air entendu en me pinçant le bras.

– Alors les filles, vous faites une petite pause ? a demandé Sephora d'une voix gentille.

– On repartait se promener à l'instant, ai-je répondu.

– Vous verrez, de ce côté il y a des petites rues charmantes et très calmes, a dit Littlebit.

– Très intéressant, a lancé Malika en me pinçant à nouveau le bras.

– Et si vous allez par là, a continué Sephora, vous tomberez sur une grande place sur laquelle il y a un musée magnifique, je vous le conseille.

– L'entrée est libre en plus, a ajouté Littlebit. Vous pouvez y passer juste dix minutes, par curiosité.

L'information aurait intéressé Antoine mais il n'était pas dans les parages. Priscilla et son garde du corps s'éloignaient au bout de la rue. Il fallait absolument interrompre la conversation.

Malika s'est approchée de Sephora en inspirant par le nez et s'est soudain exclamée :

– Votre parfum, c'est Cacharel !

Elle relançait la conversation au lieu de dire merci-au revoir ? On avait tout le séjour pour lui demander le nom de son parfum.

– Malika, j'ai très envie d'aller voir ce musée, l'ai-je coupée. On y va ?

– Maintenant ?

– On ne traîne pas, sinon on n'aura pas le temps de faire tout ce qu'on voulait. Tout ce qu'on voulait, ai-je insisté.

Malika a enfin compris. On a quitté Sephora et Littlebit et on a couru pour rattraper Priscilla et son vigile.

– Ce n'est pas la bonne direction ! a lancé Sephora.

– On s'en fiche ! ai-je marmonné.

– Dommage, je crois que j'avais trouvé son parfum, a soufflé Malika. Et en plus on était en pleine discussion-révélations. Encore cinq minutes et on avait le scoop du siècle sur leur love story.

On a foncé droit devant sans se retourner.

À l'angle de la rue, on a ralenti et on a repris notre souffle. Priscilla et Ophélie flânaient devant les vitrines.

– Roule pas du cul, la route est droite, a murmuré Malika en pensant me détendre.

Mais imaginer Priscilla et Rémy ensemble tous les jours en classe me crispait tellement que j'étais incapable de rire. Malika a ajouté :

– Rémy se laisse vraiment embobiner par n'importe qui.

Priscilla n'était pas n'importe qui : c'était une fille très mignonne qui plaisait à tous les garçons de quatrième.

– Comment ça très mignonne ? a demandé Malika qui lisait dans mes pensées. Je suis sûre qu'elle s'est fait refaire les seins. C'est impossible des seins pareils à quatorze ans !

– Une opération chirurgicale pour se faire refaire les seins à son âge, tu crois ?

– C'est bien le genre de fille à demander ce genre de cadeau pour son anniversaire !

– Pour quoi faire ?

– À ton avis ? Pour mieux flotter à la piscine peut-être...

À cet instant, Priscilla et Ophélie se sont tournées dans notre direction. Malika m'a propulsée dans une cabine téléphonique.

– C'est bon. Elles ne nous ont pas vues.

J'ai soupiré de soulagement. Mais aussitôt quelqu'un a frappé à la vitre. J'ai tressailli en m'agrippant à Malika.

– Je vous ai vues !

C'était Charlotte, toute contente de tomber sur nous.

– Coucou les filles ! Vous savez où sont les autres ?

On a fait comme si on ne la voyait pas.

– Oh oh vous m'entendez ? a-t-elle hurlé. Camille ! Malika ! Vous savez où sont les autres ?

Charlotte criait si fort que Priscilla et Ophélie allaient nous repérer. J'ai ouvert la porte et Malika s'est écriée :

– Charloooootte ! Qu'est-ce que tu fais là ? Viens, on va marcher un peu !

– Ah oui, ça me fera du bien.

– Elles vont nous voir ! ai-je répliqué.

– On a un alibi, a rétorqué Malika. On ne suit personne, on promène notre copine Charlotte.

– Et Jessie, elle est où ? ai-je demandé.

– Au magasin de disques. Elle m'a dit qu'elle en avait pour cinq minutes et puis elle m'a oubliée. J'en ai eu assez de l'attendre, alors je suis partie.

L'idée de Malika a bien fonctionné. On est arrivées à un mètre de Priscilla et Ophélie. Elles nous ont vues et on a continué à marcher l'air de rien.

– On continue à les suivre ? ai-je soufflé à son oreille.

– Mais bien sûr, on continue ! s'est-elle écriée.

– On suit qui ? a demandé Charlotte.

– Personne, personne, ai-je répondu.

– Camille a entendu que Priscilla avait rendez-vous avec Rémy, a expliqué Malika. Si je ne la retenais pas, elle lui sauterait à la gorge tellement elle est jalouse. C'est une tigresse, tu n'avais pas remarqué ?

Moi en tigresse, ça m'a fait rire. Charlotte s'est tournée vers moi et m'a regardée comme si j'avais des cheveux verts dressés sur la tête en crête, une épingle à nourrice dans l'oreille et une bière dans chaque main.

– Arrête de penser à lui maintenant ! s'est exclamée Malika. Regarde le bon côté de la vie. Il y a des choses plus graves qui se passent dans le monde. Pas vrai Charlotte ? La guerre, la famine…

– Oui, Malika a raison, a approuvé Charlotte, la jalousie ce n'est pas bon pour le moral.

En la voyant se diriger vers une boutique de cosmétiques, j'ai bien compris que la filature s'arrêtait là. Elle voulait vérifier son hypothèse à propos du parfum de Sephora.

SOS, copine en détresse

Faire du shopping avec Charlotte, c'est ne pas avoir peur du ridicule. Dans le magasin de cosmétiques, elle s'est jetée sur le rayon rouges à lèvres et a soulevé frénétiquement les bouchons les uns après les autres pour les renifler. Le vigile nous a lancé un coup d'œil qui voulait dire : « Vous les petites Françaises, je vous ai à l'œil. »

Mais le message que Mme Durel nous avait fait passer dans l'Eurostar était bien imprimé : ne pas voler dans un magasin. Charlotte s'est figée, les yeux à moitié clos, un brillant incolore sous le nez.

– Hum, quel délice ! s'est-elle exclamée. Ça sent quoi déjà ?

J'ai mis mon nez au-dessus et j'ai dit :

– La fraise Tagada.

– Oui, c'est ça. Exactement. J'avais oublié l'odeur de la fraise Tagada, vous vous rendez compte !

Elle a inspiré profondément. Le vigile s'est avancé vers nous.

– Tu ne t'en mets pas sur les lèvres, il faut le payer avant, a marmonné Malika.

– Oui oui.

– Le type du magasin nous regarde bizarre. Il croit qu'on va partir en courant avec son rouge à lèvres dix fois trop cher pour nous. Tu ne délires pas surtout, je n'ai pas envie de me retrouver à la frontière.

Charlotte a fermé les paupières et a approché le tube de sa bouche. Malika s'est précipitée pour lui retirer le tube des mains et s'est exclamée à moitié morte de rire :

– Tu n'allais pas le manger quand même !

Étonnée, Charlotte a ouvert les yeux en papillonnant.

– Qu'est-ce qu'il y a ? Qu'est-ce que j'ai fait ?

Puis elle s'est examinée dans la glace et elle nous a interrogées :

– Vous ne trouvez pas que j'ai quelque chose de changé ?

On l'a décortiquée de la tête aux pieds.

– Tu as de nouvelles shoes ? a demandé Malika.

Charlotte a secoué la tête.

– Tu es pâle, ai-je lancé.

– Oui, très pâle. En plus tu as les lèvres sèches et les yeux fatigués, a renchéri Malika. Tu es malade ?

– Tu déprimes dans ta famille d'accueil ? Tes parents te manquent ? Un problème avec Jessie ?

Elle a scruté son visage dans le miroir en rentrant légèrement ses joues.

– J'ai maigri, non ? a suggéré Charlotte.

– Mais tu n'es pas grosse, ai-je répliqué. Pas grosse du tout, hein Malika ?

– Tu mens très mal, Camille. Je sais ce que tu penses, ce que tout le monde pense. Alors vous me trouvez comment depuis que j'ai commencé mon régime ?

– Bien, vraiment très bien, me suis-je rattrapée. Tu as maigri, surtout sur les côtés.

– Maintenant que tu le dis, c'est vrai, a ajouté Malika. Fais voir, tourne.

Charlotte a tourné sur elle-même et elle nous a dit :

– C'est plus facile de suivre un régime loin de mes parents. Je…

Le tour qu'elle venait d'effectuer sur elle-même pour nous faire admirer sa nouvelle taille a eu un drôle d'effet.

Elle s'est mise à vaciller d'avant en arrière et ses yeux ont virevolté dans tous les sens.

– J'ai la tête qui tourne, a-t-elle marmonné.

– Moi aussi, avec toutes ces odeurs de parfum, a déclaré Malika.

Le vigile a froncé les sourcils. Est-ce qu'il avait compris la remarque de Malika ? Ou bien s'inquiétait-il à propos de Charlotte qui menaçait de s'écrouler dans ses produits de beauté et de lui donner du rangement pour une semaine ?

On a eu le même réflexe, Malika et moi. On l'a prise chacune sous un bras et on est sorties du magasin aux odeurs étouffantes. Il n'aurait plus manqué que le vigile appelle le commissariat et qu'on passe notre quartier libre à leur expliquer la situation avec notre pauvre anglais de cinquième.

Charlotte avançait comme si elle venait de passer une heure sur une balançoire à enchaîner les tourniquets. Ses joues étaient couleur Malabar à la menthe. Malika lui a ordonné :

– Respire à fond. Tout va bien se passer, on est là.

Je lui ai serré la main pour l'encourager.

Charlotte s'est lancée dans une inspiration interminable et quand ses poumons ont été pleins, au lieu d'expirer normalement, elle est devenue grise et elle s'est écroulée à nos pieds sans qu'on puisse la retenir.

– Elle n'a pas perdu tant de poids que ça, a murmuré Malika. Comment ça se fait qu'elle soit dans cet état ?

– Il faut prévenir les profs, la police, ai-je bredouillé, les lunettes tremblantes. Où sont les autres ?

Je commençais à paniquer sérieusement. Et le vigile ne lèverait certainement pas le petit doigt pour nous aider maintenant qu'on n'était plus dans ses locaux.

J'ai regardé dans la rue pour voir si une ambulance ne passait pas. Rien. Mais il n'y a pas de caméra dans les rues de Londres ? Les ambulances ne sont pas prévenues par un signal d'alarme dès qu'un corps tombe à terre dans un lieu public ? C'est quoi cette ville ? La capitale d'un pays développé ? On peut mourir sur un coin de trottoir sans que personne ne réagisse !

Urgences story

Mon état de panique était à son comble lorsque j'ai aperçu Rémy et Nono se diriger vers nous. Nos sauveurs ! J'ai fait de grands gestes des bras. Ils ont accéléré le pas tels de véritables secouristes en patrouille dans Trafalgar Square.

Rémy a jeté son sac par terre et s'est accroupi à côté de Charlotte. Un minimum de mots, des gestes précis, un vrai pro du secourisme. Je lui découvrais chaque jour de nouvelles qualités.

– Qu'est-ce qui s'est passé ? a-t-il demandé.

– On ne sait pas exactement, c'est le mélange des odeurs de parfum tout à l'heure dans le magasin, ai-je dit.

– Ou le rouge à lèvres, a ajouté Malika.

– Ou le vigile qui l'a impressionnée.

– Ou le choc quand elle a découvert son nouveau corps dans la glace.

Rémy a froncé les sourcils. J'ai cru voir une caméra zoomer sur son visage pour mieux capter le sentiment d'incompréhension de ce pro face à des filles perturbées par un trop-plein d'émotions. Il a saisi le poignet de Charlotte afin de lui prendre le pouls. Par pudeur, il n'a pas osé mettre sa main sur sa poitrine pour avoir les battements de son cœur en direct.

– Alors ?

– Son pouls bat. Elle est juste évanouie.

Nono a soulevé les jambes de Charlotte et Malika a agité une feuille de publicité au-dessus de sa figure pour lui faire de l'air. En véritable médecin-chef, Rémy a ordonné :

– De l'eau.

– De l'eau, s'il te plaît, a précisé Malika en tendant la main vers moi.

En bonne petite infirmière docile, j'ai sorti ma bouteille pendant que Rémy tapotait les joues de Charlotte et je la lui ai tendue. Il l'a prise et l'a débouchée illico.

– Merci, a insisté Malika.

Mais Rémy n'écoutait pas ses remarques, il se concentrait sur sa patiente. Il a enchaîné :

– Kleenex.

J'ai rouvert mon sac pour sortir une serviette en papier. Malika m'a fait de gros yeux pour que j'arrête de lui obéir tant qu'il n'aurait pas appris les bases de la politesse. Je lui ai répondu par un regard qui signalait : la politesse on s'en fiche, il y a urgence, c'est dans les premières secondes qu'on sauve la vie de quelqu'un.

– Ça ira ? ai-je demandé à Rémy.

Il s'est mordu la lèvre inférieure en guise de réponse. J'ai cru voir le clap de fin de l'épisode où le médecin-chef lui-même a des doutes sur le sort de la malade.

Seulement on n'était pas dans une série. Charlotte était réellement étendue sur un trottoir de Londres et il fallait agir. Rémy a imbibé la serviette d'eau et l'a appliquée sur le front de Charlotte, sur ses joues, dans son cou. Antoine est arrivé à cet instant mais il est resté discret de peur que Malika lui assène une nouvelle remarque coup de poing.

– Qu'est-ce qu'elle a ? ai-je demandé à Rémy, persuadée qu'il détenait une réponse de spécialiste qu'il gardait secrète. On discutait tranquillement et pouf, elle est tombée par terre ! J'espère que ce n'est pas grave.

– Elle est fatiguée en ce moment ? a interrogé Rémy sans arrêter son geste d'hydratation. Perturbée par le voyage ? Par le changement d'alimentation ? Elle fait des allergies ? Elle suit un traitement ?

– Je ne sais pas.

Il restait l'œil rivé sur la malade. Ses questions m'ont presque rassurée. Puisqu'il avait pris le temps de les poser, c'est qu'il avait bon espoir que Charlotte se rétablisse. Chez Malika, elles ont eu l'effet contraire. Elle a cru que l'évanouissement de Charlotte était le symptôme d'une maladie gravissime.

– Il faut trouver les profs, a déclaré ma copine, téléphoner à ses parents, appeler l'ambassade… Et toi Antoine, tu ne peux pas retirer tes mains de tes poches ? On n'est pas devant la statue de Rodin, là ! Ni devant un manuel de première année de médecine ! C'est la vraie vie, bouge-toi !

Antoine a retiré ses mains de ses poches sans savoir exactement quoi en faire.

– Pas de panique, a déclaré Rémy. Dans deux minutes, elle va retrouver ses esprits.

Il a consulté sa montre et a déclenché le chronomètre.

– Elle peut avoir des séquelles ! s'est écriée Malika. Vous imaginez si elle devient amnésique ou si elle ne peut plus marcher ?

Rémy avait toujours l'œil rivé sur sa montre multifonctions. La porte du magasin s'est ouverte et le vigile est sorti. Il a proféré une phrase en anglais qu'on n'a pas comprise.

– Il ne va pas nous faire la leçon parce qu'on est devant sa porte celui-là, a protesté Malika. Il voit bien qu'on a une malade.

Rémy s'est tourné vers le vigile et, dans un anglais impeccable, il a déclaré :

– It's OK !

En plus, notre médecin-chef était bilingue ! Le vigile a aussitôt regagné son magasin.

It's OK, vraiment ? Rémy était optimiste. Les secondes s'écoulaient et Charlotte ne se réveillait pas.

Avec ses mains qui ne savaient pas quoi faire, Antoine a ouvert le sac de Charlotte. Malika a immédiatement endossé son rôle de protectrice des copines en situation de faiblesse.

– Tu fouilles dans les sacs des filles, maintenant ! s'est-elle insurgée.

– Oui, mes mains s'ennuient quand elles ne sont plus dans leurs poches, a répliqué Antoine d'un ton sec.

Malika l'a regardé bouche bée. Quoi, Antoine ne s'écrasait pas devant elle ?

Une odeur de sandwich au poulet et à l'œuf dur s'est échappée du sac et a failli me transformer en Charlotte numéro deux. C'est à ce moment-là que notre malade a bougé un doigt puis les autres. Elle a ouvert un œil, les deux yeux, et elle a marmonné comme si elle prononçait son dernier soupir :

– J'ai faim !

– 1'56'' ! s'est exclamé Rémy en appuyant fièrement sur le bouton d'arrêt de son chrono. Qu'est-ce que j'avais dit ?

Antoine a vite déballé le sandwich et l'a tendu à Charlotte.

Elle s'est ruée dessus.

– Je n'ai pas mangé depuis hier soir, a-t-elle expliqué.

– Depuis hier soir ! s'est exclamée Malika. Tu es cinglée ma pauvre !

– Régime, régime. J'en profite, mes parents ne sont pas là.

– Maintenant tu manges à tous les repas. Il n'est pas question que tu nous refasses une peur pareille ! ai-je grondé.

Charlotte nous a regardés les uns après les autres avec le léger sourire de celle qui pense : « Alors comme ça, vous avez eu peur pour moi ? »

Jessie est arrivée, paniquée.

– Je te cherchais partout, tu ne m'as pas attendue ?

Charlotte ne pouvait pas répondre. Elle dévorait son sandwich.

Antoine s'est relevé et il a demandé à Malika :

– Je peux les remettre ?

– Quoi donc ?

– Mes mains… Je peux les remettre dans mes poches ?

Malika a souri et elle a dit :

– Tu vois, j'avais raison. Si tu ne les avais pas retirées, tu n'aurais jamais fouillé dans le sac de Charlotte. Tu n'aurais pas sorti son sandwich et elle n'aurait pas été réveillée par l'odeur. J'ai bien fait de te secouer, finalement !

Antoine a hoché la tête et s'est éloigné sans un mot. Malika l'a suivi du regard.

Charlotte avait retrouvé des couleurs normales, plutôt Malabar rose. Qui remercier ? Rémy ou Antoine ? Les deux, sans doute.

Le quartier libre touchait à sa fin. On s'est dirigés vers le lieu de rendez-vous. Rémy marchait à côté de moi sans rien dire. Il tripotait les boutons de sa montre-chrono. Qu'est-ce qu'il calculait ? Le nombre de secondes qu'il lui restait d'ici la fin du séjour pour ressortir avec moi ? Ou bien essayait-il de capter la fréquence des battements de mon cœur ?

Princesse Camille

Quand j'ai ouvert la porte de la maison des Berkson, Scooby-Doo s'est précipité vers moi en aboyant. Horreur ! Personne n'était là pour le retenir. Ses maîtres l'avaient dressé pour protéger la maison, il allait me dévorer toute crue. Des gouttes de transpiration ont perlé sur mon front.

– Doucement Scooby-Doo, du calme, c'est moi Camille, la Française.

Il ne se calmait pas, au contraire. Il ne comprenait peut-être que l'anglais.

– Stop you, j'ai dit d'une voix ferme.

Il a collé ses pattes sur mon pantalon et s'est mis à sauter dans tous les sens en reconnaissant mon odeur. Il avait peut-être cru que « Stop you » prononcé à la française signifiait : « OK, je t'emmène promener au parc et tu vas courir après le bâton. »

Je me suis glissée dans la chambre et je lui ai donné le premier objet qui me tombait sous la main : ma brosse. Puis j'ai fermé la porte et il est resté dans le couloir à jouer avec.

J'ai sorti mon sac que j'avais rangé sous mon lit. La fermeture était ouverte.

Qui avait touché à mes affaires pendant mon absence ? Pourtant, tout était en ordre. L'argent était là, dans ma paire de chaussettes roses. J'ai pris un billet de dix livres et je suis partie rejoindre Malika.

Quand Mme Barber m'a ouvert sa porte, j'ai compris à l'odeur de propre qui régnait qu'il ne fallait pas poser un pied dans la maison sans avoir retiré ses chaussures. Elle a essayé d'entamer une discussion sur la famille qui m'accueillait.

Mais elle en a eu vite assez de répéter quatre fois une phrase et que je réponde yes yes bêtement. Elle a fait une réflexion que j'ai parfaitement comprise. « Je croyais que tout le monde savait parler anglais au XXIe siècle. » Et elle nous a laissées tranquilles.

J'ai suivi Malika dans le salon où le mari lisait son journal. Il a tenté de nous entretenir de politique internationale mais il s'est vite lassé de nos yes yes et il s'est replongé dans son article.

J'ai donné discrètement le billet de dix livres à Malika.

– Je te les rendrai très vite, Caillou. C'est parce qu'on retourne à Londres demain avec papy et mamie. Tu me connais, si je n'ai pas d'argent sur moi, je vais me sentir mal. Charlotte s'évanouit si elle n'a pas son sandwich dans le ventre, moi je m'évanouis si je n'ai pas d'argent dans mon porte-monnaie ! Au fait, quoi de neuf chez les Berkson ?

– Quelqu'un a touché à mon sac. Je l'avais fermé ce matin et je l'ai retrouvé ouvert.

– Tout y est ? a demandé Malika. On ne t'a pas piqué d'argent ?

– Non.

– Bon, tout va bien alors.

– Mais Kelly est bizarre.

– Celle qui a des taches de rousseur et ses cheveux dans la figure ? Elle a l'air super sympa. On se demande ce qu'elle fait dans une famille pareille.

– Super sympa ? Elle m'espionne, elle me colle et elle fouille dans mes affaires ! Je vais prévenir les profs, ils vont me changer de famille.

– Pas facile d'être l'idole de quelqu'un !

– L'idole ?

– Assume, Caillou ! Elle t'adore, elle t'admire. Tu paries combien qu'avant la fin du séjour elle te demandera une photo, un autographe et ton adresse pour t'écrire ? Elle a juste regardé la couleur de tes tee-shirts et la forme de tes soutiens-gorge, tu ne vas pas en faire un cake ! Elle t'aime, savoure le moment. Si on devait compter les gens qui vous aiment dans une vie, on aurait assez de nos deux mains.

– Mais je n'ai rien fait d'extraordinaire ! J'ai plutôt l'impression d'être un ovni dans la famille Berkson.

– Justement ! Pour elle, tu es une princesse. Les Anglais croient aux princesses et aux reines. Ils en ont plein dans leur pays. Ils leur mettent des couronnes sur la tête et ils les promènent en carrosse !

– C'est ridicule.

Je n'ai pas pu m'empêcher de m'imaginer portant une couronne, une robe longue de princesse, des bijoux étincelants tandis que Kelly s'inclinait devant moi en une profonde révérence.

– Tu es Peter Pan en fille, a renchéri Malika. Tu viens d'un pays imaginaire qu'elle n'a jamais vu. Tu représentes la seule fenêtre ouverte sur un monde meilleur.

– N'exagère pas.

– J'ai toujours rêvé d'être le modèle de quelqu'un. Une grande sœur ! Une star !

– Pas moi, c'est dérangeant quelqu'un qui t'aime trop.

– Toi aussi, tu as besoin de gens que tu admires et qui te font rêver, avoue. On est tous pareils.

Malika avait peut-être raison, on a tous besoin de modèles.

J'ai avalé ma tasse de thé et je suis partie. En traversant le couloir, je me suis sentie plus légère et plus jolie. Dans le miroir, j'ai remarqué que les petits diamants à mes oreilles étaient particulièrement étincelants. J'ai passé mes doigts dans mes cheveux pour leur redonner du volume.

– Mais oui tu es belle, ma princesse ! s'est exclamée Malika. Demain je viens te chercher en carrosse à huit heures.

J'ai rigolé et je suis sortie.

J'ai fait le tour du pâté de maisons pour réfléchir avant de rentrer chez les Berkson. Quelle fille odieuse j'avais été avec Kelly ! Comment me rattraper ? J'ai soudain été prise d'une angoisse terrible. Je devais faire quelque chose pour elle, j'étais la seule à pouvoir la sortir de cette famille. Appeler mes parents pour leur demander conseil ? Prévenir le prof d'anglais ? Inviter Kelly à passer les grandes vacances chez moi ?

Quand je suis arrivée, ils étaient tous réunis dans le salon. Je ne les avais jamais vus aussi calmes. Kelly se cachait derrière sa frange, sa sœur agrandissait un trou dans le canapé, le père avait l'œil fixé sur la télé éteinte, la mère se grattait le bras, les frères regardaient leurs chaussures. Il ne manquait que Scooby-Doo. Que se passait-il ? On aurait cru une veillée funèbre. C'était ça, Scooby-Doo était mort ! Quelle idée j'avais eue de lui laisser ma brosse. Il s'était sûrement étouffé avec le manche !

L'objet du délit reposait sur la table basse. Le manche était déchiqueté et les pics arrachés. La mère a dit quelques mots. J'ai répondu yes yes, l'air peinée moi aussi. Kelly a éclaté en sanglots. J'avais envie de la prendre dans mes bras en pleurant, moi aussi, et en lui disant : « Excuse me. »

Soudain, j'ai entendu un aboiement sous la table basse. C'était Scooby-Doo ! Il était vivant ! Il m'a sauté dessus et m'a léché la main. J'étais tellement contente de le voir que je l'ai serré dans mes bras et l'ai embrassé sur le museau.

La mère s'est excusée pour Scooby-Doo. J'ai souri. Ce n'était qu'une brosse, il n'y avait pas mort de chien, c'était le principal. Tout le monde a retrouvé le sourire et le volume sonore est revenu à la normale.

Dans la chambre, je me suis installée à côté de Kelly et je lui ai demandé de me prêter une Barbie. On a joué pendant une heure. J'avais monté les miennes au grenier depuis longtemps et je ne pensais pas retrouver ce jeu avec autant de plaisir.

On a passé la soirée ensemble, je lui ai appris des mots de français, elle m'a appris des mots d'anglais et on a fait des pancakes. Je lui ai même parlé de mon secret, celui que je n'ai dévoilé à personne, à part à Malika, ma meilleure amie. Je lui ai parlé de Rémy. Elle a tout su de lui.

Harry Ploteur

Le lendemain on a passé une partie de la matinée à compléter des phrases avec des tags : John is in America, isn't he ? Vanessa likes tennis, doesn't she ?

En sortant du cours, on a aperçu un groupe d'élèves anglais réunis dans une salle autour d'un garçon qui terminait un tour de cartes. C'était Harry ! Notre curiosité nous a poussées à jeter un œil par l'entrebâillement. Voilà une bonne occasion de parler. Une bonne occasion aussi pour que Malika fasse connaissance avec Harry et, qui sait…

Mme Durel est passée près de nous et nous a demandé :

– Vous viendrez à la piscine cet après-midi ?

– Oui, oui, a répondu Malika en m'entraînant dans la salle pour échapper à la prof.

Quand on est entrées, Harry s'est tourné vers nous.

– Tiens, c'est notre ami qui fait tomber les filles dans les escaliers ! a lancé Malika en désignant Harry.

Je la sentais prête à faire de cette rencontre un moment inoubliable.

– Je n'avais pas remarqué qu'il avait un nez aussi tordu la première fois qu'on l'a vu, a-t-elle ajouté.

Malika ne peut pas s'empêcher d'examiner le nez des gens.

Il nous a fait signe d'approcher. Il a battu les cartes, a proposé en anglais à Malika d'en choisir une au hasard, de la regarder discrètement et de la ranger dans le tas sans qu'il la voie. La dame de cœur. Il a battu de nouveau les cartes d'un air décontracté et nous a posé des questions à propos de la tour Eiffel et de Montmartre.

Il a étalé les cartes et il a retrouvé du premier coup… la dame de cœur !

Malika a applaudi.

– Very good, a-t-elle déclaré.

Il a souri, a débité quelques phrases dans sa langue et a enchaîné avec un autre tour. Malika ponctuait sa démonstration par des flatteries : « Il est bluffant », « Des tours d'enfer », « Comment fait-il ? ». À la fin du deuxième tour, elle s'est exclamée :

– C'est Harry Potter, ma parole ! Je ne m'étais pas trompée.

J'étais contente de voir qu'un garçon lui plaisait. Mais elle a changé radicalement de ton en faisant sa grimace préférée pour ajouter :

– J'ai horreur des mecs qui jouent aux malins pour épater la galerie et qui ne montrent pas les ficelles de leurs tours tant qu'on ne sort pas avec eux.

– Les magiciens ne dévoilent jamais leurs tours, c'est un principe, ai-je précisé.

– Tout ça pour être entourés de nanas qui bavent d'admiration ! Moi, les obsédés…

– Pourquoi tu dis ça ?

– T'as pas remarqué comment il reluquait mes seins la dernière fois ?

– Il essayait de lire ce qui était écrit sur ton tee-shirt.

– Moi ce que j'ai compris, c'est qu'il me déshabillait des yeux comme un gros pervers. J'avais l'impression d'être complètement nue au milieu de l'internat ! Je n'ai jamais eu aussi honte de ma vie.

D'après Malika, les mecs sont tous plus obsédés les uns que les autres.

Harry expliquait son tour de magie et Malika ponctuait la conversation avec des petites phrases assassines du genre : « C'est ça Harry Potter, tu vas bientôt sortir ton balai et t'envoler » ou « Allez Harry Potter, descends de ton balai ». L'autre souriait, pensant qu'on l'encourageait, puis il a passé fièrement le paquet de cartes à un de ses copains, James.

– Ils ont des cours de magie dans les écoles anglaises ou quoi ? a demandé Malika. Ils vont nous faire des démonstrations les uns après les autres ?

– Arrête, c'est super sympa !

Et puis c'était l'occasion pour qu'elle se rapproche de Harry. Je l'aiderais à faire la conversation. Et au moment venu, je m'éclipserais pour les laisser seuls.

À l'instant le plus troublant du tour de magie, j'ai senti quelque chose me parcourir le dos. J'ai tourné la tête. Harry était derrière moi, mais il semblait suivre attentivement le tour de son copain. Sans doute avait-il tenté de se rapprocher pour mieux voir. Sentant mon regard sur lui, il a reculé d'un pas. Et si Malika avait raison ? Si c'était vraiment un pervers ?

On applaudissait le numéro de James quand, soudain, Malika s'est retournée d'un bond et a crié, des piques plein les yeux :

– C'est qui le psychopathe qui me touche les fesses ?

Elle a fixé Harry Potter droit dans les yeux. Il a viré au rouge en deux secondes.

Rémy et Nono qui passaient dans le couloir à cet instant se sont approchés.

– Il y a un problème, les filles ? a demandé Nono.

– Il m'a touchée ! On a une réputation, les Françaises, ça fait peur ! s'est écriée Malika.

– Calme ta joie pauvre type, a grogné Nono. Tu te crois où ?

– Pas de problèmes, Camille ? s'est inquiété Rémy.

J'ai nié pour ne pas envenimer la situation mais je mens très mal. Et si Malika n'a rien deviné, Rémy a lu la vérité dans mes yeux. Il a jeté un regard furieux à Harry Potter, l'air de dire qu'il n'avait pas intérêt à se trouver sur son passage.

Une fois dans le couloir, Malika a déclaré :

– Quel obsédé ! C'est pas Harry Potter qu'il faut l'appeler, c'est Harry Ploteur !

Elle a éclaté de rire. Moi j'étais consternée. Je m'en voulais de ne pas avoir réagi. Après tout, Harry Ploteur m'avait touchée moi aussi !

– Harry Ploteur, ai-je répété tout bas, tu vas me le payer !

J'ai fait demi-tour, je suis entrée dans la salle, je me suis dirigée vers lui, je lui ai mis une claque dans la figure devant tout le monde et j'ai rejoint Malika.

– Qu'il n'essaie pas de recommencer ! me suis-je exclamée.

On est descendues dans la cour, entourées par Nono et Rémy, nos gardes du corps. J'avais l'impression qu'ils avaient grandi de vingt centimètres depuis qu'ils avaient pris en charge notre protection.

On a croisé Antoine qui n'a même pas essayé de nous aborder. Cette fois, je l'aurais envoyé promener. Avec Rémy à côté de moi, je ne me serais pas gênée.

Leçons d'amour cru

Rémy longeait le grand bassin d'un pas martial, les mains sur les hanches. J'ai d'abord cru que c'était le maître nageur, forcément sans mes lunettes, je ne distingue pas grand-chose. Puis il a plongé, il a traversé le bassin en trois battements de crawl et il est remonté de notre côté à la force des bras. Mes yeux se sont transformés en jumelles de haute précision et je l'ai enfin reconnu.

– T'es pas discrète ! s'est exclamée Malika.

– Moi ? Pourquoi ?

– Tu veux mon appareil photo ?

Rémy a tourné la tête vers moi. Il était tellement beau que là, pour le coup, je l'aurais bien pris en photo. Mais j'ai détourné le regard et j'ai accéléré le pas en direction du sauna.

Malika voulait absolument tester le sauna. Elle a ouvert la porte en bois. Une bouffée d'air chaud m'a quasi asphyxiée sur place. Antoine était seul à l'intérieur. Même torse nu, on avait l'impression qu'il portait encore sa chemise fermée jusqu'au dernier bouton.

– Tiens, t'es pas tout liquide ? s'est étonnée Malika.

– Il reste du solide, a-t-il répliqué.

Pour une fois, Malika n'a rien trouvé à répondre.

– Tu es là depuis longtemps ? l'ai-je interrogé.

– Cinq minutes.

– Pas mal. Nous, on va essayer de tenir vingt ou trente secondes.

On s'est installées sur le deuxième banc. Antoine a croisé les jambes.

– Je réfléchissais à une chose, a-t-il dit avec son sérieux habituel.

– T'en as pas marre de réfléchir tout le temps ? a lancé Malika.

Pauvre Antoine, elle s'en prenait toujours à lui.

– Tu réfléchissais à quoi ? lui ai-je demandé, prête à entamer un débat de société dans cette friteuse.

– Pour sortir avec une fille, on s'y prend comment ? a-t-il questionné.

On est restées toutes les deux bouche bée. Les yeux d'Antoine brillaient dans la pénombre.

– Le sauna commence à te chauffer le crâne, a rétorqué Malika.

– Peut-être que tu ne sais pas comment on fait, a-t-il répliqué.

– Ah bon, tu crois ? Demande à Camille alors, elle va t'apprendre !

– Ah non, pas moi ! Je n'ai aucune théorie sur le sujet.

– Que de la pratique ! s'est moquée Malika.

– Arrête, ce n'est pas vrai.

– Eh bien moi, j'ai une théorie sur la question, a déclaré Malika. Mais on décampe d'ici, on manque d'air !

Il était temps, j'étais près de m'évanouir. Antoine sortait l'artillerie lourde pour me demander de sortir avec lui et ma copine entrait dans son jeu au lieu de l'envoyer promener !

On a sauté dans le grand bain et on s'est accrochés au bord. L'eau m'a paru glacée. Une cinquantaine de Français nageaient, jouaient et criaient dans les bassins. Rémy et Priscilla sont passés juste au-dessus de nos têtes. Il lui racontait son dernier plongeon du haut d'un rocher gigantesque. Et elle le fixait avec ses yeux écarquillés et encore maquillés.

Malika s'est approchée d'Antoine. Elle endossait son rôle préféré, celui de madame « J'ai-lu-tous-les-magazines-sur-le-sujet ». Elle semblait avoir oublié qui était son interlocuteur, Antoine, l'intello de la classe, celui qui cherche ses infos dans le *Petit Larousse* et pas dans un numéro spécial « Séduction en trois leçons » du mois d'août.

– Leçon numéro un, a-t-elle déclaré. Tu vas vers la fille avec qui tu veux sortir en ne pensant qu'à une seule chose : poser tes lèvres sur les siennes. Cette idée doit t'obséder comme si tu étais un grand sportif qui veut gagner un match. Tu es décidé à monter sur le podium. Et le podium, c'est la bouche de la fille, tu me suis ? Jamais un coup d'œil sur ses lèvres pourtant, tout est dans le mental. Et à ce moment-là, pas d'exposé sur Rodin ou sur le tunnel sous la Manche. Tu la regardes droit dans les yeux mais ce sont les lèvres que tu vises.

J'ai agité les jambes dans l'eau tiède pour me réchauffer. Je serais bien retournée dans le sauna maintenant.

Sans doute à cause du froid aussi, Antoine est parti sans prévenir pour une largeur dans un crawl très particulier.

– Tu aurais pu être un peu plus romantique avec lui, ai-je soufflé à ma copine.

– Et sa question, tu crois qu'elle était romantique ? m'a-t-elle rétorqué.

En effet, elle ne l'était pas. Il ne voulait pas qu'on lui lise des poèmes d'amour, il voulait qu'on lui explique comment procéder. Il est revenu vers nous, il a ramené ses cheveux en arrière et il a demandé :

– Et après ? Il faut y aller directement ?

– Pas trop vite. Leçon numéro deux…

– Je lui dis, je t'aime.

Un frisson m'a parcouru le corps. Était-ce l'eau qui me glaçait la peau ou le verbe « aimer » que venait d'employer Antoine ?

– Surtout pas, c'est trop facile, a répliqué Malika. Tu lui parles d'elle en détail. C'est simple. Si elle est belle, tu lui dis qu'elle est intelligente. Si elle est plutôt du genre intello, tu lui dis qu'elle est belle.

– Pas très logique.

– Crois-moi, j'ai cerné la question, a-t-elle ajouté.

Malika avait enquêté auprès d'un échantillon représentatif de collégiens en posant la question suivante : « Quelle qualité préférez-vous qu'on vous attribue ? Beauté ou intelligence ? » Il en était ressorti qu'une grande majorité des personnes intelligentes préféraient recevoir des compliments sur leur beauté et que les personnes belles préféraient qu'on les trouve intelligentes.

– Et la leçon numéro trois ? a enchaîné Antoine comme s'il n'avait plus une minute à perdre.

Plus une minute à perdre pour quoi ? Pour me faire sa déclaration ? Autant lui dire tout de suite qu'il perdait son temps avec cet interrogatoire.

– Leçon numéro trois, a chuchoté Malika qui arrivait au bout de sa démonstration, tu l'emmènes dans un coin.

Pour illustrer son propos, Malika a fait reculer Antoine dans l'angle du bassin.

– Tu approches tes lèvres des siennes.

Elle a approché ses lèvres de celles d'Antoine.

– Tu lis dans son regard si c'est feu vert ou feu rouge. Il arrive que le feu soit orange ou qu'il y ait du brouillard. Là, je te conseille de prendre le risque, quitte à te ramasser un carton rouge. Ce serait dommage de rater une occasion.

– Admettons que ce soit vert, a lancé Antoine sans aucun complexe.

Il était sans doute aussi curieux que moi de savoir jusqu'où Malika mènerait sa démonstration. Elle a tendu le cou.

Même sans mes lunettes, je voyais très bien la lanière de son maillot de bain nouée autour de la nuque et chacune de ses bouclettes noires qui ondulaient sur ses épaules. Je savais qu'elle jouait son personnage à 100 %.

Je me suis agrippée à l'échelle pour l'entendre murmurer la suite de l'explication :

– Tu penches la tête sur le côté pour éviter les chocs, tu enlaces ta partenaire et tu y vas.

Antoine y est allé. Ils s'embrassaient ! Malika et Antoine s'embrassaient sous mes yeux ! Sous les yeux de tout le monde. Dans un coin du grand bassin ! Je suis restée bouche bée. J'étais la seule à les voir, moi qui suis la plus myope du collège. Les profs faisaient des longueurs juste à côté et ne captaient rien, même Mme Durel qui a l'œil partout.

Malika a relevé la tête et a dit :

– Mieux que ça ! Tu fais semblant !

– Je fais de mon mieux, je...

– Applique-toi. Si toute ton attention est concentrée sur ta bouche et que tu files des coups de genou à la fille sans t'en rendre compte, je ne lui donne pas trois minutes pour arrêter et là, tant pis pour toi. Pigé ?

– Pigé.

Et Antoine a embrassé une nouvelle fois Malika.

Ni moi ni les cinquante Français de notre collège n'existaient plus pour eux. Malika a reculé. J'ai alors aperçu le visage d'Antoine et j'ai eu un choc.

Était-ce l'eau de la piscine ou l'éclairage, il m'a semblé que notre intello de service n'avait plus aucun bouton.

Ses cheveux étaient en bataille, ses joues roses, les lèvres rouges et son torse avait doublé de volume.

– Un problème, Caillou ? a demandé Malika. Attention, tu vas boire la tasse.

– Moi, je…

– Tu ne me reconnais pas, c'est ça ? Tu veux tes lunettes ?

En vérité je ne les reconnaissais ni l'un ni l'autre. Ils étaient transformés. Malika avait les yeux moins foncés que d'habitude et les joues très pâles.

– Moi non plus je ne te reconnais plus, tu es toute bleue. Va te sécher ou nage pour te réchauffer, tu es en train de te transformer en glaçon à cocktails.

Je suis sortie du grand bain en grelottant. J'ai croisé Rémy sans réagir à sa présence.

J'ai fait couler la douche pendant un quart d'heure pour me réchauffer. Malika pouvait bien m'attendre. Je me frottais le visage depuis deux bonnes minutes avec ma serviette quand elle m'a dit :

– Tu as encore froid ? Mets-toi sous le sèche-cheveux.

J'ai appuyé sur le bouton et la soufflerie s'est déclenchée. J'ai approché mon visage au plus près. Mes joues sont devenues cramoisies. Antoine était déjà prêt et il nous attendait, appuyé contre le distributeur. Sa chemise sortait de son pantalon et les manches étaient repliées.

Malika s'est dirigée vers lui. Puisqu'elle préférait s'occuper des histoires de cœur d'Antoine plutôt que des miennes, j'allais devoir me débrouiller seule avec Rémy.

Détournement de conversation

Kelly a noué la laisse de Scooby-Doo autour du poteau devant le supermarket. Elle a profité de l'occasion pour me demander de lui apprendre quelques mots français : laisse, poteau, supermarché. Elle m'a donné la traduction en anglais. Je n'ai retenu que supermarket. Je n'avais pas besoin de poteau ni de laisse pour faire les courses en Angleterre. Et puis notre petit jeu de vocabulaire avait fini de m'amuser. J'avais des préoccupations plus importantes en ce moment et je la sentais trop immature pour remplir un rôle de conseillère sentimentale.

Derrière moi, un hello à l'accent français a retenti. Je me suis retournée. C'était Antoine.

D'habitude je l'aurais fui sous n'importe quel prétexte mais là, il tombait bien. Faire des phrases entières et en français, je n'étais pas contre.

– Tu vas faire des courses, toi aussi ? ai-je demandé, plus aimable que d'habitude.

– Non, mais je peux vous accompagner.

– Super !

J'ai pris un panier à l'entrée et Kelly a sorti la liste. Au rayon pains de mie, Antoine a engagé une conversation embarrassante. Décidément, c'était son truc les questions directes en ce moment.

– Camille, je voudrais te demander un renseignement, mais je suis un peu gêné.

– Pourquoi ?

– C'est un sujet délicat. En fait, ce n'est pas un renseignement.

Antoine a baissé la voix.

– Je veux te parler d'un sentiment.

– D'un aliment ?

– Un sentiment.

– Toi ?

– Oui, moi. À toi.

Kelly ne perdait pas une miette de notre discussion et elle m'a vue bien embêtée.

Malika disait qu'Antoine était amoureux de moi depuis le début du collège et qu'il voulait sortir avec moi.

C'était sans doute pour cela qu'il lui avait demandé des détails pratiques à la piscine. Jusque-là, c'était un amour secret qu'il dissimulait derrière des dizaines de boutons et une timidité rassurante et il n'était pas question d'aborder le sujet. Qu'est-ce qui lui prenait soudain de quémander des conseils de tous côtés en guise de déclaration ? J'allais être obligée de lui dire que je ne voulais pas sortir avec lui et que j'aimais quelqu'un d'autre.

– Un sentiment ? Tu as le cafard ? Tu es pressé de retourner en France ? ai-je tenté.

– Pas du tout, je me sens très bien ici, au contraire. Voilà, depuis la rentrée de l'année dernière, mon cœur bat pour quelqu'un.

Ma main s'est mise à trembler. J'ai posé le panier par terre. Kelly l'a pris et a interrogé :

– Basket ?

– Panier, ai-je traduit automatiquement.

Antoine lui a arraché le panier des mains en s'excusant de ne pas y avoir pensé avant.

J'ai essayé de détourner la conversation pour échapper à la question fatale qu'il avait l'intention de me poser.

– Tu as goûté ces gâteaux à la noix de coco ? Je les adore, il faut que j'en rapporte en France.

Mais Antoine, le regard illuminé comme s'il avait aperçu le sosie de Lady Di au rayon surgelés, m'a avoué d'une voix tremblante :

– Je suis amoureux, Camille.

– Le problème, c'est qu'il faut les passer au four, ça prend un peu de temps.

– Je suis amoureux, pour la première fois de ma vie.

Échec total en ce qui concernait ma tentative de détournement de conversation. J'ai réfléchi à deux cents à l'heure pour rebondir sur un autre sujet. Mais il a répété à nouveau :

– Je suis amoureux.

Je ne pouvais pas faire la sourde oreille trois fois de suite. J'ai pris mon air le plus détaché et j'ai rétorqué :

– Tu es amoureux ? Ça se soigne !

– Dès que je la vois, je me trouve bête. J'ai l'impression d'étouffer dans ma chemise.

– Ça ne m'étonne pas !

À ce propos, le dernier bouton de sa chemise n'était pas attaché.

– Je ne sais pas quoi dire, a-t-il ajouté.

– Tous les symptômes sont là, tu es fichu. Je te fais une ordonnance ? De l'aspirine devrait calmer la douleur. Ou mes gâteaux, ils sont efficaces pour le vague à l'âme, je les ai testés.

– Le problème, c'est que je n'arrive pas à connaître ses sentiments à elle.

– C'est plus gênant.

– Il faudrait que j'arrive à lui avouer que je l'aime un jour. Elle est si belle !

– Tant que ça ?

– D'une intelligence rare et d'une finesse exceptionnelle.

– Tu as trouvé la perle !

– J'aime son humour, son originalité, sa joie de vivre. Tu vas être étonnée quand je te dirai qui c'est. Tu ne me croiras pas.

– Tu penses ?

– Je n'en ai jamais parlé à personne.

Alors pourquoi m'en parlait-il à moi maintenant dans ce supermarché ? Était-ce vraiment nécessaire ? Antoine, ne commets pas l'irréparable, on ne s'entendait pas trop mal jusqu'à aujourd'hui.

Il m'a regardée droit dans les yeux. Les néons se reflétaient dans mes lunettes et l'éblouissaient. J'ai baissé la tête vers les paquets de céréales.

– Tu ne devines pas de qui je suis amoureux ?

– Non, je la connais ? Donne-moi un indice peut-être, ai-je suggéré le plus innocemment possible.

– D'accord. Dès que je croise quelqu'un dans la rue avec des cheveux noirs comme les siens, je manque de tomber à la renverse.

– Pardon ? Des cheveux noirs ?

J'ai dû devenir livide. Je me suis adossée au congélateur à yaourts. Des cheveux noirs ! Les miens sont blonds, châtains en hiver, mais certainement pas noirs ! Charlotte a des cheveux bruns, mais quand même, pour tomber amoureux d'elle ! À part la couleur des cheveux, elle ne correspondait pas au portrait que dressait Antoine de sa bien-aimée.

Il avait parlé d'une fille d'une intelligence, d'une originalité et d'une finesse exceptionnelles. Mais qui ?

– Des cheveux et des yeux noirs, un caractère noir parfois aussi… Tu vois de qui je veux parler ?

– Je la connais bien ?

– Très bien.

– Très bien ? C'est…

– Surtout ne lui en parle pas. En tout cas, merci de m'avoir écouté, j'avais besoin de me confier.

On a déposé nos achats sur le tapis roulant de la caisse. Antoine s'est éclipsé discrètement. J'ai remonté mes lunettes sur le haut de mon nez. Parfois je me demande à quoi ça sert d'en porter si c'est pour ne pas voir ce genre de choses. Antoine était amoureux de Malika depuis la sixième et je ne m'en étais pas aperçue ! Aussi étrange que cela puisse paraître, c'était une évidence maintenant. Il ne l'aurait pas embrassée deux fois de suite à la piscine s'il n'avait pas été amoureux d'elle. Et depuis le début du voyage, il tentait de l'approcher, même si elle le repoussait à chaque fois.

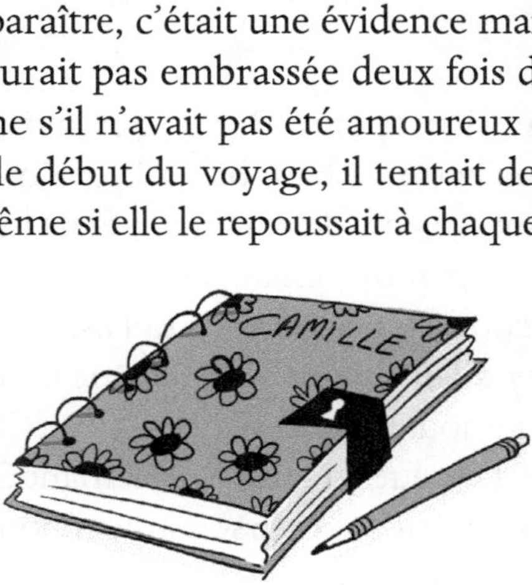

Lorsqu'on est sorties du magasin, j'étais encore sonnée par la nouvelle. Comment avais-je pu imaginer pendant un an et demi qu'Antoine me courait après ? J'ai eu un pincement au cœur quand je me suis souvenue de toutes les fois où je l'avais envoyé promener pour lui faire comprendre que mon cœur était déjà pris. En fait, il cherchait à aborder Malika par mon intermédiaire. Les sacs de courses pesaient une tonne et me sciaient les doigts. Je me suis arrêtée au milieu du trottoir. Kelly m'a tendu la laisse de Scooby-Doo et a pris les sacs.

Soudain, j'ai aperçu Rémy qui arrivait face à moi, une batte de base-ball à la main, accompagné d'un Anglais de son âge. J'étais incapable d'aligner deux mots, en anglais comme en français. Et Scooby-Doo tirait sur sa laisse, persuadé que Rémy allait lui envoyer le gros bâton qu'il portait pour jouer avec lui.

– Qu'est-ce que tu fais ? m'a demandé Rémy.

– On promène les courses, ai-je répondu sans débloquer un sourire.

– Passionnant !

Scooby-Doo l'a reniflé et lui a léché les chaussures.

– Ça va sinon ? a-t-il enchaîné.

– Super.

– Tu es sûre ?

– Il faut que je fasse des bonds sur le trottoir pour te le prouver ?

– Pourquoi pas !

Je n'ai pas tiré la laisse pour empêcher Scooby-Doo de renifler Rémy, il pouvait se débrouiller tout seul avec le chien. J'ai lancé :

– Retourne avec l'autre si tu apprécies les sourires de cruche.

Prononcer le nom de Priscilla me demandait un effort insurmontable.

À présent, Scooby-Doo lui sautait carrément dessus.

– Camille !

– Rémy ?

– Tu es fâchée ? J'ai fait quelque chose ?

– Non, justement tu n'as rien fait, tu te laisses séduire par la fille qui t'envoie les plus grands battements de cils. Continue comme ça, mais sans moi. Salut !

J'ai tiré un bon coup sur la laisse pour calmer le chien qui sautait sur Rémy. Kelly m'a suivie.

Elle m'a demandé ce que voulait dire cruche, j'ai répondu qu'il y avait deux sens possibles mais que je lui expliquerais plus tard. Si elle avait su que 90 % de ma vie était consacré à Rémy depuis un an et demi ! Que son visage hantait mes jours et mes nuits. Et voilà comment je lui parlais ! Alors qu'une rencontre inespérée aurait pu me permettre de renouer le dialogue, je piquais une crise de jalousie et je gâchais tout. Même Antoine parvenait à exprimer ses sentiments. Mais Rémy et moi étions de véritables handicapés du cœur et nous allions passer à côté d'une grande histoire d'amour.

– Tu vas bien, Camilla ? s'est inquiétée Kelly.

Malgré ses difficultés en français, elle semblait avoir tout compris de ma situation difficile. Non seulement j'étais fâchée avec Rémy, mais j'étais détentrice d'un lourd secret qu'il me faudrait garder à tout prix. Sinon Malika passerait son temps à se vanter qu'Antoine était fondu d'amour pour elle.

Camille, as-tu du cœur ?

Le lendemain, je n'ai donc pas dit un mot à Malika des révélations d'Antoine. Après les cours, on a été faire les vitrines dans une rue voisine. Quand Malika a ouvert son porte-monnaie devant la vitrine d'un magasin de jouets, j'ai cru avoir une syncope. Elle ne m'avait toujours pas rendu les dix livres qu'elle me devait, je n'avais plus rien pour acheter un souvenir à mon frère et elle se permettait de griller la fin de son porte-monnaie sous mes yeux.

– Tu ne le trouves pas trop chou ce nounours ? m'a-t-elle demandé en comptant ses pièces.

– Tu as vu le prix ? ai-je répliqué en espérant qu'elle se souviendrait des dix livres qu'elle me devait.

Elle a grimacé en remontant le côté gauche de sa lèvre supérieure et elle a plongé le nez dans son porte-monnaie.

– J'ai juste assez ! Youpi !

Elle a levé des yeux attendris sur le nounours comme si je n'avais rien dit et elle a déclaré :

– Je ne peux pas rentrer en France sans lui. Regarde ses yeux, ils me disent « Je t'aime, emmène-moi avec toi ». Et sa bouche, elle est faite pour les bisous. Il a l'air si doux, tu ne trouves pas ?

– Vu le prix, il peut l'être. Je ne savais pas que ça coûtait si cher une peluche.

Malika n'a pas relevé mon allusion. Elle est entrée dans le magasin. Je suis restée dehors à l'attendre. Le marchand a sorti la peluche de la vitrine. Les yeux de Malika brillaient. Elle a étalé ses pièces sur le comptoir en trépignant. Elle a même demandé un paquet-cadeau.

Quand elle est sortie, je n'ai pas dit un mot.

– Un problème ? a-t-elle interrogé. Ça te dérange que j'achète une peluche à mon âge ? Tu as honte de moi, c'est ça ?

– Pas du tout.

– C'est quoi alors ? Des soucis avec Rémy ?

– Non, ça va super.

On a marché jusqu'à l'arrêt de bus. Et soudain, Malika a rigolé :

– Ah c'est pour ça, d'accord ! Mais je vais te les rendre tes dix livres ! Lundi, dès qu'on arrive, je te les apporte. Tu ne vas pas en faire un pudding !

Elle ne comprenait pas que j'en avais besoin d'ici demain.

– Je m'en moque des dix livres, ai-je affirmé.

– Bon alors tout va bien ! Demain il y a une boum géante à l'internat, après-demain on rentre et lundi on se racontera nos souvenirs de Londres et tu auras ton argent. C'est pas possible de faire une tête pareille pour rien du tout !

– Ce n'est pas rien.

– Dix livres, je sais, tu veux que je retourne dans la boutique pour me faire rembourser ?

– Non, non, laisse tomber.

Pour couper court à cette discussion qui me mettait mal à l'aise, j'ai déclaré :

– On m'a confié un secret que j'ai promis de ne pas répéter.

– Alors dis-le-moi.

– J'ai promis, tu comprends.

– Et alors ? Tu ne me fais pas confiance ? Ne t'inquiète pas, je sais tenir ma langue. Peut-être pas mon porte-monnaie mais ma langue, oui. Ton secret restera un secret.

– Oui seulement…

– Seulement quoi ? Tu veux que je le répète à qui ? Au chauffeur de bus ? À la dame en face de nous ?

– Antoine est amoureux.

– Je te l'ai toujours dit. Dès qu'il te voit, son squelette se retourne dans tous les sens tellement il tremble d'amour.

– Dès qu'il te voit.

– Dès qu'il te voit ? Me voit ? Pardon ?

– Il tremble d'amour pour toi, Malika. Il me l'a dit.

– Antoine ? Pour moi ?

Elle a éclaté de rire et s'est arrêtée net.

– Mais mais… comment ça ? C'est pas possible, je…

Visiblement Malika était émue.

– J'aurais dû éviter les leçons de bisous à la piscine, ça lui a donné des idées.

– Ça date de bien avant. Il est amoureux de toi depuis le début de la sixième.

– Ah bon ? En tout cas, je ne regrette pas pour le nounours. Je suis sûre qu'il porte bonheur.

– Alors tu as bien fait de l'acheter.

Malika n'a pas reparlé d'Antoine pendant le trajet du retour. Au contraire, elle cherchait à éviter le sujet. Elle s'est dirigée vers la maison de ses petits vieux tandis que je sonnais chez les Berkson. Kelly m'a ouvert la porte.

– A boy is waiting for you, a-t-elle chuchoté.

Un garçon m'attendait ?

Les trois pas qui me séparaient de la chambre où un garçon m'attendait m'ont paru durer une éternité. Au premier pas j'ai pensé qu'Antoine venait me demander des nouvelles de Malika. Au deuxième pas, j'ai frissonné d'horreur. Et si Harry m'avait suivie pour régler ses comptes ? Au troisième pas, juste avant d'ouvrir la porte, j'ai senti mon cœur tambouriner : et si c'était…

Ma troisième supposition était la bonne.

– Rémy ? ai-je murmuré.

Rémy était adossé à la fenêtre, sa batte à la main. Je me suis tournée vers Kelly pour qu'elle m'explique comment il était arrivé jusqu'ici. Elle m'a fait un sourire complice avant de partir pour nous laisser en tête à tête. Rémy a désigné la corbeille à papier sous le bureau.

– Tu t'es énervée sur ta brosse ?

– C'est le chien.

Je me suis assise sur mon lit et Rémy par terre. Il a posé ses mains sur les miennes et a déclaré :

– Camille, je t'aime. Je m'en suis rendu compte hier.

– C'est un peu tard.

– Non, je m'en suis rendu compte depuis longtemps.

– Il faudrait savoir.

– Je suis sûr que tu m'aimes aussi.

– Ah oui ? Tu lis dans les pensées ?

– Je lis dans tes yeux. Tu m'en veux à cause de Priscilla mais tu te trompes. Je ne l'aime pas, je ne l'ai jamais aimée. C'est une copine, c'est tout.

– Comme moi.

– Non, justement.

– Alors, je suis quoi moi ?

– La fille que j'aime.

Là, on aurait pu s'embrasser, le moment était idéal. L'amoureux venait de déclarer sa flamme et l'amoureuse avait enlevé son masque de colère.

– Maintenant je dois partir, j'ai promis à mon Anglais de faire une partie de base-ball avec lui.

Il faut croire que la scène n'était pas la bonne. Rémy s'est retourné et a murmuré :

– Et toi ?

– Quoi moi ?

– Tu as encore des sentiments pour moi ?

– Je n'ai jamais dit le contraire.

Kelly est passée dans le couloir et a glissé un œil vers nous. Rémy a plongé la main dans sa poche et en a sorti mon marque-page couvert de R.

– Tu l'avais oublié dans le train.

Et il est parti.

Kelly est entrée. Je me sentais tellement bien que je lui ai parlé pendant une heure de Rémy en anglais en oubliant complètement les règles de grammaire et la phonétique.

Je lui ai raconté comment on s'était rencontrés, que c'était le plus beau garçon du collège, mais que depuis cet été on n'osait pas vraiment se parler. Elle avait l'air passionnée par mon histoire. De temps en temps, elle me demandait de répéter un mot et elle le cherchait dans le dictionnaire.

Je retrouvais Rémy. J'étais heureuse. La soirée à l'internat tombait à pic. On allait faire la fête ensemble, danser et enfin s'embrasser.

Comment avais-je pu craindre Priscilla ? Ce n'était pas du tout le genre de fille qui plaisait à Rémy. Parfois je devrais changer de lunettes.

Faites la fête, pas la tête

J'ai poussé la porte à double battant. L'ambiance était atomique. La musique faisait vibrer les verres et la boule à facettes envoyait des milliers d'étoiles dans le réfectoire. Il y avait au moins trois cents personnes, mais en cinq secondes j'ai repéré Rémy. Charlotte dansait face à Jessie, un pull noué à la taille. Elle nous a fait signe de les rejoindre.

On avait les cheveux encore mouillés et le jean collant. À cause de la pluie, on avait été obligées de se recoiffer et de se remaquiller avant d'entrer dans le réfectoire.

– Vous en avez mis du temps ! s'est exclamé Antoine, la frange relevée et les trois premiers boutons de la chemise défaits.

– Pourquoi, tu nous attendais ? a demandé Malika.

Antoine a glissé un regard vers moi, mais je lui ai juré d'un battement de cils que je n'avais pas trahi son secret.

– On te manquait peut-être ? a renchéri Malika.

J'ai commencé à me sentir mal à l'aise. Si Malika continuait, Antoine allait comprendre que j'avais répété le secret qu'il m'avait confié.

– Peut-être, a-t-il répondu.

– Sans nous, c'est bien connu Caillou, le monde ne tournerait pas rond. Sans moi, surtout !

Je lui ai envoyé un coup d'œil, l'air de dire : « C'est toi qui ne tournes pas rond, tais-toi maintenant. » Elle a pris les manteaux et s'est éloignée en direction des vestiaires.

Antoine est parti boire un verre au buffet. Je n'allais pas rester seule au milieu de ces Anglais. J'ai rejoint Malika pour lui demander de rester discrète à propos d'Antoine.

Quand je suis arrivée dans les vestiaires, elle se rajoutait du rose sur les lèvres.

– Je vais te décevoir Camille.

– Toi ?

– Je suis amoureuse.

– Mais tu ne me déçois pas, au contraire, c'est génial !

– Attends de savoir de qui.

Et elle m'a regardée comme si elle me voyait sourire pour la dernière fois. De qui était-elle amoureuse ? Elle n'était pas restée plus d'une heure avec Nono. Harry, surtout pas. Ça ne pouvait pas être Rémy quand même… C'était mon plus grand cauchemar : que ma meilleure copine soit amoureuse de mon amoureux. Une fille comme Priscilla je pouvais m'en remettre, mais pas Malika.

On s'est approchées de la piste de danse. Littlebit entamait un rock avec une prof anglaise, Mme Durel essayait de se rendre utile du côté du bar en ramassant les verres et les assiettes sales. Rémy et sa bande dansaient en sautant et en se rentrant dedans. Mais le plus extraordinaire dans tout ça, c'était la métamorphose d'Antoine. Notre premier de la classe dansait en plein milieu, comme un dieu. Les Anglaises le regardaient, admiratives. On aurait dit que dorénavant Antoine habitait son corps et pas seulement sa tête.

– Il est en transe ! me suis-je exclamée. Tu savais qu'il dansait si bien ?

Malika n'a pas répondu. Elle l'observait comme moi. J'ai poursuivi :

– Tes cours pratiques de séduction lui ont donné des ailes. Quand on le voit comme ça, on n'imagine pas à quel point il était moche avant. Même moi qui le connais, je finis par le trouver presque mignon.

Pas de réponse.

– Bon, potable disons. Malika ?

Malika n'était plus à côté de moi. Hypnotisée par les étoiles de la boule à facettes, elle s'approchait à pas lents de la piste de danse. Elle semblait marcher sur un fil à dix mètres du sol. Je me suis précipitée vers elle de peur qu'elle ne se fasse renverser et ne tombe dans le vide.

– Tu vas bien ? Au fait, tu ne m'as pas dit, tu es amoureuse de qui ?

Elle a continué à avancer comme si elle était téléguidée et elle s'est approchée, approchée, approchée, de plus en plus…

D'Antoine.

Malika, amoureuse d'Antoine ! Il devait y avoir une erreur ! Il avait changé mais quand même !

Elle s'est postée devant lui et m'a adressé un signe de tête pour confirmer ma supposition. C'était bien ça : Malika était amoureuse d'Antoine.

J'étais si troublée qu'en regagnant le buffet, j'ai marché sur les pieds de Harry Potter, le magicien infernal. Il tenait dans ses bras une fille toute petite. Il a relevé la tête et m'a adressé un coucou de la main. J'ai hoché la tête pour rester polie mais je n'avais pas l'intention de m'attarder près de lui.

Soudain, la fille qu'il tenait dans ses bras a tourné la tête vers moi. C'était Priscilla ! Je comprenais mieux maintenant pourquoi Rémy était passé chez moi la veille, pourquoi il m'avait déclaré sa flamme, pourquoi il avait besoin de moi.

Priscilla avait trouvé un Anglais, Rémy était seul, j'étais la solution la plus facile pour lui remonter le moral.

Malika est arrivée vers moi, elle m'a enfoncé ses ongles dans le bras et m'a dit, hilare :

– T'as vu ce que j'ai vu ?

– Dans le noir, je ne vois pas grand-chose.

Elle s'est servi un verre de Coca à ras bord.

– Moi non plus je ne vois pas grand-chose ! Ils pourraient éclairer le buffet ! Devine avec qui sort Priscilla ? Dis un nom au hasard.

– Harry Potter.

– Tu les as vus aussi ? La honte ! Le mec le plus glauque de l'internat ! Le Ploteur infernal ! Elle n'est pas difficile ! Quand elle va apprendre qu'il a essayé de séduire toutes les filles, elle va se trouver bien tarte avec ses boucles d'oreille en forme de cœurs et ses bracelets qui font des bruits de cloches à vaches. Allez, moi j'y retourne. Tu viens avec nous, on s'éclate ! Fais la fête, pas la tête !

Je n'aime pas être obligée de faire la fête simplement parce que c'est samedi, qu'il est 21 heures, qu'on est en Angleterre et que l'internat a organisé une boum géante pour une rencontre franco-anglaise.

Malika m'a tendu son verre et elle est partie en sautillant vers la piste de danse. J'observais Rémy sauter partout avec ses copains et j'avais envie de lui tordre le cou. J'en avais tellement envie que j'ai serré le verre en plastique un peu trop fort. Il s'est cassé et le Coca s'est renversé sur mon jean. J'ai filé aux toilettes pour réparer les dégâts.

Après avoir nettoyé mon jean, je suis restée dans le hall pour me calmer. Mon cerveau risquait de disjoncter d'un moment à l'autre. Et ce ne seraient pas les étoiles de la boule à facettes que je risquais de voir, mais bien trente-six chandelles.

Il continuait de pleuvoir des cordes, mais je préférais regarder la pluie plutôt que de voir les autres faire la fête. La porte s'est ouverte derrière moi. Le son de la musique s'est amplifié. Puis la porte s'est refermée et la musique s'est éteinte. Quelqu'un s'est approché de moi.

– Tu penses à quoi ?

J'ai sursauté. C'était Rémy. Il était en nage après s'être déchaîné sur la piste de danse. Des gouttes de sueur perlaient sur ses tempes et ses cheveux étaient dressés sur sa tête.

– À rien, ça fait du bien.

– Moi je pensais à toi et comme je ne te voyais plus, je me demandais où…

– Maintenant tu sais.

Il a laissé quelques gouttes de pluie s'écouler avant de reprendre :

– C'est le moment des slows, tu danses ?

Je me suis tournée vers lui brusquement. J'avais envie de lui dire tout ce que j'avais sur le cœur à propos de Priscilla et de mon rôle de bouche-trou. Non, je ne danserai pas avec lui et quand je dis non, c'est non. Je ne change pas d'avis comme certains, je sais ce que je veux dans la vie. Et ce que je ne veux pas.

Rémy a poussé la porte et on est entrés dans le réfectoire, main dans la main.

L'ambiance avait changé, ou alors c'était moi. Je n'entendais plus la musique, j'entendais mon cœur qui battait. Boum boum. Boum boum. Comme la première fois que j'avais vu Rémy. Mon cœur à toute vapeur.

Un slow, un seul… Je n'ai pas résisté. Le regard de Rémy m'avait hypnotisée. En un quart de seconde l'histoire avec Priscilla m'a semblé très lointaine et sans intérêt. La véritable histoire était là, devant moi. Elle se jouait dans les minutes qui allaient suivre. Il est entré sur la piste de danse, s'est tourné vers moi et je l'ai suivi.

À l'instant où je passais mes bras autour de son cou, j'ai senti une drôle de sensation dans mon dos : mon soutien-gorge venait de se détacher. Je ne pouvais rien faire pour le rattacher, Rémy m'avait enlacée.

Tout mon esprit, mon corps entier, étaient concentrés sur ce soutien-gorge détaché. Pourvu que Rémy ne bouge pas. Pourvu que ses mains ne cherchent pas à parcourir mon dos.

– On pourra remercier Kelly, m'a-t-il murmuré à l'oreille.

– Pourquoi ?

– Si elle ne m'avait pas dit que tu m'aimais encore, j'aurais pensé que tu m'en voulais à mort.

Les larmes me sont montées aux yeux quand j'ai appris que Kelly m'avait aidée. J'ai eu envie qu'elle soit là pour lui sauter au cou et l'embrasser aussi fort que je pouvais.

J'ai oublié mon problème de soutien-gorge et mon esprit s'est déplacé dans le creux de mon dos, là où Rémy posait ses mains pour me rapprocher de lui. Jusqu'à la dernière note. Jusqu'à la dernière minute en Angleterre.

Back to Paris

J'ai vidé mon petit sac à dos sur la tablette et j'ai jeté tous les papiers inutiles dans la poubelle sur le côté. J'ai rangé l'adresse de Kelly dans mon portefeuille et j'ai regardé le paysage défiler. La reverrais-je un jour ? Une larme a glissé sur ma joue sans que je la sente venir.

« Je lui enverrai un e-mail au moins une fois par semaine, me suis-je promis. Et on deviendra les correspondantes les plus fidèles. »

J'ai commencé à préparer le discours que j'allais tenir à mes parents pour leur donner envie de visiter Londres en famille. Ce serait l'occasion de leur présenter les Berkson.

Les images de nos adieux me sont revenues à l'esprit. C'est Kelly qui a pleuré la première dans la voiture. Je lui ai pris la main mais je ne trouvais pas les mots pour la consoler, même en français. Et puis on est arrivés à la gare où les deux classes étaient réunies avec leurs familles. Kelly m'a tendu un cadeau d'une main tremblante. Je l'ai ouvert aussitôt. C'était une brosse neuve avec un petit chien rigolo dessus.

– Tu aimes ? a-t-elle demandé.

Là, j'ai fondu en larmes. Comment la remercier pour ce cadeau, pour tout ce qu'elle avait fait pour moi et Rémy ?

– Yes, very, very. C'est si gentil ! Thanks.

Je lui ai mis mon écharpe autour du cou pour qu'elle la garde en souvenir. Je ne sais plus ce que j'ai raconté après, des choses comme :

– I never forget you. Never, never. You are my second family. You're welcome at my home.

Toute la famille m'a serrée dans ses bras pour me dire au revoir. Ils me parlaient mais je ne comprenais rien tellement je sanglotais.

Malika était à côté avec papy et mamie, comme elle les appelait. Ils n'arrêtaient pas de lui parler et ma copine se concentrait pour comprendre ce qu'ils disaient. Elle posait des questions et ils répondaient en faisant des grands gestes pour expliquer un mot de vocabulaire.

Dans l'Eurostar, Rémy a posé sa main sur la mienne. Nos doigts se sont croisés et j'ai retrouvé le sourire juste au moment où on entrait dans le tunnel. Le tunnel ? Déjà !

Malika était assise, de l'autre côté du couloir, à côté d'Antoine. J'ai tendu l'oreille pour écouter ce qu'il lui racontait :

– En fait, il y a trois tunnels dont un central pour l'accès des secours et de la maintenance. Chaque tunnel est doté de systèmes de drainage, de refroidissement par eau, de ventilation et de contrôle informatique. Ils sont reliés entre eux tous les 375 mètres. 365 ou 375 ? Je ne suis plus sûr, je vérifierai.

Ma copine le fixait les yeux pleins d'admiration. Elle ne semblait plus du tout effrayée par la traversée. Les connaissances d'Antoine la rassuraient et l'éblouissaient.

Derrière nous, j'entendais des crissements de papiers de bonbons et de gâteaux. Charlotte s'organisait un petit festin.

– Tu veux quelque chose, Camille ?

Elle avait le sourire aux lèvres et les joues bien roses.

– Sers-toi. J'ai fait des réserves, a-t-elle ajouté en désignant sa valise.

En effet, elle semblait plus énorme qu'à l'aller.

– J'ai dévalisé l'épicerie ce matin, a-t-elle précisé.

À côté d'elle, Jessie qui somnolait a retiré un de ses écouteurs sans lâcher l'anneau accroché à sa chaîne.

– On est bientôt arrivés ? a-t-elle demandé.

Derrière elle, Priscilla se concentrait sur son portable. Sans doute cherchait-elle à envoyer un SMS à Harry. Quant à Nono, il déambulait dans le couloir en proposant :

– Un petit poker ? Un petit poker ?

Mais personne n'avait envie de se faire plumer. Puis il s'est adressé à Malika :

– Si tu as un malaise, fais-moi signe !

– Je vais très bien, merci, a rétorqué Malika.

Il est retourné s'asseoir et il s'est endormi.

Lorsque le train est arrivé à la gare du Nord, Jessie attendait collée à la porte avec ses sacs. Pour la première fois du voyage, elle souriait. Son copain était sans doute à la gare.

Moi aussi je souriais en voyant défiler toutes les images de notre séjour.

Sur le quai, Malika a couru jusqu'à moi :

– Attends, Camille !

Elle a ouvert son sac en plein milieu des élèves qui avançaient. Littlebit l'a fixée d'un œil consterné et il s'est arrêté pour nous attendre.

– Tu cherches quoi ? ai-je demandé.

– Surprise !

Elle a sorti le paquet-cadeau froissé du nounours et elle me l'a tendu.

– Vous vous ferez vos petits cadeaux plus tard, on suit le groupe, a déclaré Littlebit.

– C'est pour toi, a-t-elle annoncé comme si on était seules sur terre.

– Mais…

– Parce que tu es la meilleure des meilleures copines.

J'ai pris le paquet et je me suis jetée dans ses bras. Je savais combien elle aimait ce nounours et quel effort elle faisait pour me l'offrir.

– Bon les filles, le voyage est terminé, vous avez eu une semaine pour vous confier vos secrets, ça ne vous a pas suffi ?

– On arrive monsieur ! Si tu n'as rien rapporté pour ton frère, offre-lui ce nounours, m'a-t-elle suggéré.

C'était une très bonne idée. Et après, je m'arrangerais pour lui piquer. On a couru pour rattraper Littlebit. Nos parents nous attendaient à la sortie de l'Eurostar. Plus que quelques mètres avant de lâcher mon sac et de tout leur raconter dans les moindres détails.

Vraiment tout ?

Pas sûr.

Table des matières

Vive la 5e !

Ségolène Valente

Retrouvez

Camille et Malika

dans

En octobre, les contrôles se mettent à pleuvoir...
Malika tente de convaincre Camille de partir avec elle une journée entière à la mer, au lieu d'aller au collège !

Camille, Malika et leur classe partent en Eurostar à Londres afin de parfaire leur anglais. Littlebit leur professeur les accompagne et... Let's go !

Camille et Malika ont décidé de participer au spectacle de fin d'année du collège. Quel numéro vont-elles faire ? Théâtre ou danse ? Et comment se débarrasser du trac ?

Vive la 6e !

Ségolène Valente

Retrouvez

Camille et Malika

dans

Camille organise sa première boum.
Pour tout préparer, c'est la fièvre avant le fameux samedi soir !

Camille et Malika ont rendez-vous avec des copains à la patinoire.
Mais elles ne savent pas patiner !

Pour avoir écrit une lettre anonyme à cette peste de Jessie, Camille et Malika risquent un avertissement de conduite !

Ouf, la sixième est finie !
Camille et Malika partent en vacances ensemble…

L'auteur

Ségolène Valente est née en 1973 à Paris. À l'école, elle préférait lire et inventer des histoires plutôt que de résoudre des problèmes d'algèbre. Ses professeurs de français lui ont appris à écrire et depuis elle n'a plus arrêté, même en cours de maths : poésies, chansons, pièces de théâtre, nouvelles, romans... Elle a fait des études de lettres et est devenue professeur de français. Elle aime aussi rencontrer ses lecteurs dans les bibliothèques et dans leurs classes.
Vous pouvez retrouver Ségolène Valente sur son site :
http://segolenevalente.ifrance.com/

L'illustratrice

Née à Montpellier d'un père français et d'une mère norvégienne, **Isabelle Maroger** a dès son plus jeune âge gribouillé partout et sur tout, de préférence sur les rideaux du salon, sur son petit frère, sa grande sœur, son chien et son chat… Cela lui a réussi car elle a poursuivi ses hautes études de gribouillage dans une vraie école de dessin, l'école Émile-Cohl de Lyon.
Désormais elle illustre des livres et des magazines pour enfants ou femmes chic. Elle aime créer des images graphiques et qui donnent le sourire:)
Isabelle Maroger vit à Lyon.

Retrouvez la collection

RAGEOT Romans

sur le site www.rageot.fr

Achevé d'imprimer en France en juin 2019
par l'imprimerie Jouve Numérique, Mayenne
Dépôt légal : mars 2017
N° d'édition : 5533 - 03
N° d'impression : 2885757Y